MODERN LANGUAGES STUDY GUIDES
FILM STUDY GUIDE FOR AS/A-LEVEL FRENCH

Au revoir les enfants

dir. Louis Malle

Karine Harrington

HODDER EDUCATION
AN HACHETTE UK COMPANY

The Publishers would like to thank the following for permission to reproduce copyright material.

Photo credits

p. 6 Moviestore Collection Ltd/Alamy; **p. 9** AKG Images; **p. 12** TopFoto; **pp. 19, 20, 25, 30, 39** Zuma Press Inc./Alamy; **p. 41** United Archives GmbH/Alamy; **p. 49** Moviestore Collection Ltd/Alamy; **pp. 54, 60, 62** Zuma Press Inc./Alamy.

Every effort has been made to trace all copyright holders, but if any have been inadvertently overlooked, the Publishers will be pleased to make the necessary arrangements at the first opportunity.

Although every effort has been made to ensure that website addresses are correct at time of going to press, Hodder Education cannot be held responsible for the content of any website mentioned in this book. It is sometimes possible to find a relocated web page by typing in the address of the home page for a website in the URL window of your browser.

Orders: please contact Hachette UK Distribution, Hely Hutchinson Centre, Milton Road, Didcot, Oxfordshire, OX11 7HH. Telephone: (44) 01235 827827. Email education@hachette.co.uk
Lines are open from 9 a.m. to 5 p.m., Monday to Friday. You can also order through our website: www.hoddereducation.co.uk

ISBN: 978 1 4718 9001 7

© Karine Harrington, 2017

First published in 2017 by

Hodder Education,

An Hachette UK Company

Carmelite House

50 Victoria Embankment

London EC4Y 0DZ

www.hoddereducation.co.uk

The authorised representative in the EEA is Hachette Ireland, 8 Castlecourt Centre, Dublin 15, D15 XTP3, Ireland (email: info@hbgi.ie)

Impression number   10 9 8 7

Year   2023

All rights reserved. Apart from any use permitted under UK copyright law, no part of this publication may be reproduced or transmitted in any form or by any means, electronic or mechanical, including photocopying and recording, or held within any information storage and retrieval system, without permission in writing from the publisher or under licence from the Copyright Licensing Agency Limited. Further details of such licences (for reprographic reproduction) may be obtained from the Copyright Licensing Agency Limited, www.cla.co.uk.

Cover photo © James A. Guilliam/Getty Images

Typeset in 11/13pt Univers LT Std 47 Light Condensed by Integra Software Services Pvt. Ltd., Pondicherry, India

Printed and bound by CPI Group (UK) Ltd, Croydon, CR0 4YY

A catalogue record for this title is available from the British Library.

Contents

	Getting the most from this guide	5
1	Synopsis	6
2	Historical and social context	8
3	Scene summaries	18
4	Themes	36
5	Characters	47
6	Director's methods	60
7	Exam advice	70
8	Sample essays	79
9	Top ten quotations	93

Getting the most from this guide

This guide is designed to help you to develop your understanding and critical appreciation of the concepts and issues raised in *Au revoir les enfants* as well as your language skills, fully preparing you for your Paper 2 exam. It will help you when you are studying the film for the first time and also when you are revising.

A mix of French and English is used throughout the guide to ensure you learn key vocabulary and structures that you will need for your essay, while also allowing you to develop a deep understanding of the work.

The following features have been used throughout this guide to help you build your language skills and focus your understanding of the film.

Activity
Various types of activities are found throughout the book to test your knowledge of the work and develop your vocabulary and grammar. Longer writing tasks will help prepare you for your exam.

Build critical skills
These questions offer an opportunity to consider some more challenging issues. They are designed to encourage deeper thinking and analysis to take you beyond what happens in the film to explore why the director has used particular techniques, and the effects they have on you. These analytical and critical skills are essential for success in AO4 in the exam.

GRADE BOOSTER
These top tips will advise you on what to do, as well as what *not* to do, to maximise your chances of success in the examination.

Answers
Answers to every activity, task, and critical skills question can be found online at www.hoddereducation.co.uk/mfl-study-guide-answers

le couvre-feu curfew

For every paragraph in French, key vocabulary is highlighted and translated. Make sure you know these words so you can write an essay with accurate language and a wide range of vocabulary, which is essential to receive the top mark for AO3.

TASK
Short tasks are included throughout the book to test your knowledge of the film. These require short written answers.

Key quotation
Key quotations are highlighted as they may be useful supporting evidence in your essay. Further quotations can be found in the 'Top ten quotations' chapter on page 93 of the guide.

Quand on me cherche, on me trouve.
(Julien)

1 Synopsis

▲ Poster for the film

Released in 1987 in France and directed by Louis Malle, *Au revoir les enfants* is a semi-autobiographical film set in occupied France in 1944.

Julien is a 12-year-old boy who attends a Catholic boarding school and Jean is a young Jewish boy who is being hidden in the school by Père Jean, the school's headmaster. Despite their differences, a very close friendship develops throughout the film between the two boys. Sadly, one morning Jean is discovered and is deported to a concentration camp. In a voiceover that closes the film Louis Malle poignantly says: 'Plus de quarante ans ont passé et jusqu'à ma mort je me rappellerai chaque seconde de ce matin de janvier.'

It is January 1944 and the young Julien Quentin is at the station with his mother and brother. The boys are returning after the Christmas holiday to their private Catholic boarding school outside Paris. Julien is very apprehensive about returning to school and wishes he could stay with his mother, with whom he has a close relationship.

At school Julien is introduced to a new boy, Jean Bonnet, who arrives at the start of term. Not much is said about this boy as Père Jean gives the new boy a bed near Julien but does not say much about him. The first encounter between Julien and Jean is rather abrupt and cold. 'Quand on me cherche, on me trouve', Julien says to Jean.

Julien resents this new boy who appears to be better than him academically, and he is jealous of his musical talents too. He also finds him rather mysterious and Jean becomes the target of mockery. The boys find him strange and do not miss an opportunity to bully him. Jean does not join in the school's religious rituals, does not eat pork, does not pray and says that he is Protestant. Julien is intrigued by Jean and driven by curiosity, finally finds out that his surname is really Kippelstein.

The boys in the boarding school are rather protected from the outside world but glimpses of the war can be perceived. Power cuts and sirens disrupt their days, and rationing and the cold are part of their daily routine. Julien appears very naive about the reality of the outside world and asks his brother: 'C'est quoi un youpin?' Joseph, the kitchen boy, introduces the boys to food smuggling as a way to remedy food shortages.

1 Synopsis

Joseph is physically and socially different from the other boys. He is slightly disabled and even though he is the same age as the boys, he has to work as a kitchen boy. His bitterness toward the rich pupils of the school will be the incentive for his dramatic action later on in the film.

One day during a treasure hunt in the Fontainebleau forest the two boys, Julien and Jean, find themselves lost, and are found by a German soldier who drives them back to the school. As a precaution, the boys are sent to the school medical room. Isolated from the other boarders, Julien reveals to Jean that he knows his secret — that he is a Jew. Jean reacts badly to this and the boys engage in a fight.

One Sunday Julien invites Jean to join him, his mother and his brother for Sunday lunch in a restaurant. Their meal is interrupted by the intrusion of the French Milice and outside the protection of the school walls, the boys experience the reality of the war.

From then on the boys become inseparable and their friendship is very close. Julien even confides to his new friend that he still wets his bed. The boys read together, play together. They enjoy being children despite the constant reminders of the war outside.

Yet Joseph puts an end to this and his actions have dramatic consequences. After Père Jean finds out that Joseph has been involved in food smuggling, he decides to fire the young boy. Bitter and upset, Joseph tells the Gestapo that Jewish children are being hidden in the school.

During a maths lesson Jean is arrested by the Gestapo. Père Jean and the two other Jewish boys are also arrested.

In the final scene Julien sees his friends and teacher being marched away by the German army. 'Au revoir, mon Père', shout the children. 'Au revoir, les enfants', replies Père Jean. Jean disappears through a door, looking back at his friend a final time.

Louis Malle based this film on his true story but added details that didn't exist in real life. Louis Malle was forever marked by this tragedy and this feeling inspired him to make this film.

TASK

Cherchez sur Internet l'affiche du film et notez les éléments importants du film qui y sont dépeints. Pensez-vous que le choix de l'image soit efficace? Pourquoi? Pourquoi pas?

Key quotation

Plus de quarante ans ont passé et jusqu'à ma mort je me rappellerai chaque seconde de ce matin de janvier.
(Louis Malle)

2 Historical and social context

La Seconde Guerre mondiale

un pensionnat a boarding school

collaborer to collaborate (with the Germans)

la Gestapo the German secret police

Au revoir les enfants se passe en France pendant la Seconde Guerre mondiale. En effet, l'histoire raconte l'hiver 1943-1944 dans **un pensionnat** catholique de garçons. Il est essentiel de comprendre cette période de l'histoire pour mieux apprécier ce film.

La Seconde Guerre mondiale a commencé en France en septembre 1939 et a duré presque six ans, jusqu'à l'Armistice du 8 mai 1945. La France, d'abord opposée à l'Allemagne, s'est vue en partie **collaborer** avec les nazis et s'est soumise au contrôle de l'armée allemande et de **la Gestapo** à partir de 1940. Pendant presque cinq ans la France était divisée en deux camps – les collaborateurs et les résistants.

The film depicts daily life during the war such as the use of rationing tickets, 'les biscuits vitaminés', power cuts and obviously the presence of the German army. We can also see that individual characters represent typical groups of people. The young Jean Bonnet, for instance, represents the Jewish people who were persecuted during the Second World War.

As the film is based on Julien's perception of the war, not everything is explicitly exposed in the film. Indeed, a very naive young 12-year-old boy is retelling his experience. The viewers are expected to join the dots at times and use their knowledge of the war to fully comprehend the story. For instance, in the last scene, Julien does not really know what is going to happen but the viewer knows and this adds to the intensity of the film.

> **TASK**
> 1 Regardez la scène à la cantine [00:13:58-00:16:33] et celle au restaurant [01:03:28-01:08:27]. Repérez les aspects de la vie quotidienne pendant la guerre.

La France de Vichy

envahi(e) invaded

la Résistance groups of people who fought against the German army and German control over France

la Milice French political group that fought against the Resistance

La France est **envahie** par l'Allemagne en mai 1940. En juin 1940 les Allemands prennent contrôle d'une partie de la France et c'est ainsi que la France est divisée en deux parties, « la France occupée » et « la France libre. » On voit ainsi la naissance de **la Résistance**, les Français qui ne veulent pas suivre le contrôle allemand et « la France de Vichy » sous le contrôle du maréchal Pétain qui collabore avec l'armée allemande et Hitler. Pétain devient le chef de l'État et collabore avec le régime hitlérien. En plus des troupes allemandes sur le territoire français, **la Milice** est aussi formée pour faire respecter les ordres de la France de Vichy. La Milice est composée de collaborateurs en uniforme, différent de celui des soldats français.

2 Historical and social context

▲ German soldiers in Paris during the war

Once Marshall Pétain took charge of Vichy France, he imposed a very authoritative way of governing the country. The name Vichy France (la France de Vichy) comes from the name of the town in south-eastern France where Marshall Pétain's government settled. Pétain launched the 'National Revolution' with a programme of propaganda to change systems, values and structures in France. Pétain was under the control of Hitler and France had a new motto: 'Travail, Famille et Patrie', replacing the longstanding 'Liberté, Égalité, Fraternité'. The new government abandoned France's democratic traditions.

Pénurie et répression

La vie en France sous l'Occupation allemande se caractérise par **la pénurie** et par la répression. La population endure une économie de guerre et de restrictions. Sous la dominance des nazis les Français manquent de beaucoup de choses et les magasins sont à cours de denrées alimentaires. Les Français doivent **se rationner**. Cette pénurie entraine la pratique du **marché noir** en cette période de **privations** — c'est la seule façon de s'approprier certains produits qui sont rationnés comme le tabac par exemple. Le marché noir est visiblement représenté dans le film et est en fait incarné par le personnage de Joseph, qui prend part à cette activité clandestine au collège.

Build critical skills

1 Regardez la première scène du film à la gare. Comment est-ce que Louis Malle présente l'Occupation allemande?

la pénurie shortage
se rationner to be rationed
le marché noir black market
les privations (f) restrictions

AU REVOIR LES ENFANTS

> **TASK**
> **2** Faites des recherches sur le rationnement alimentaire en France pendant la Guerre et expliquez en quoi cela vous aide à comprendre certains aspects du film, comme la nourriture à la cantine ou le marché noir des cigarettes.

Food supplies and general commodities became scarce and France had to impose a system of ration tickets. People in towns and young children especially were mostly affected by hunger as food was lacking and people had to opt for other foods that they would not eat normally and that were not rationed.

Even though most people suffered the restrictions, there were a number of people who were not really affected. Despite having to adjust to the wartime economy, some people continued to have the same standard of living, creating obvious differences. This is clearly seen in the canteen when some children receive food parcels from their parents, or even when we see Mrs Quentin with her elegant clothes. In the restaurant the viewer can see however that even if Julien's family is well off, they are still affected by the situation and are using rationing tickets for their meal. Power cuts were also very common during the German Occupation and the blackout in the dormitory at the start of the film illustrates this.

> **GRADE BOOSTER**
> ```
> Ensure that you learn the key historical and specific
> vocabulary to use when you refer to the historical
> background of the film.
> ```

La protection des civils

le couvre-feu curfew
la sirène d'alarme alarm
l'abri souterrain (m) underground shelter

> Afin de protéger les populations d'éventuels bombardements, **les couvre-feux** sont instaurés. À la tombée de la nuit, il faut éteindre ou camoufler les lumières pour que l'ennemi ne puisse pas distinguer les habitations. De plus, à l'approche des bombardiers des **sirènes d'alarme** sont sonnées et les habitants doivent alors se protéger. On va alors dans des **abris souterrains** comme des caves.

Key quotation

Plus ils sont riches, plus ils sont voleurs.
(Joseph)

Pensez qu'il y a des gens plus malheureux que vous.
(Père Jean)

This aspect is clearly portrayed in the scene where the children have to go and hide in the basement during their maths lesson. The way the children pack up their books, walk to the underground area and continue their lesson show that this kind of interruption has now become part of their routine — the children do not look disturbed by the alarm.

La collaboration

> Pendant cette période de la France de Vichy une large partie de la population collabore avec les Allemands. La collaboration prend plusieurs formes : la collaboration administrative, politique, économique, militaire et même idéologique. La France est occupée par les Allemands et les idées nazies se propagent. C'est alors que la France subit une importante présence allemande dans tous les aspects de la vie quotidienne.

2 Historical and social context

In the film the collaboration is represented by the character of Joseph and, to some extent, the school nurse when the German soldier is looking for the young Jewish boys. Collaborating didn't have to be active; if you chose not to prevent it, you were regarded as a 'collabo'. At the end of the war many people were arrested for acts of collaboration. Many women, for instance, were arrested and had their heads shaved for having collaborated with the enemy.

> **TASK**
> **3** Trouvez une scène du film qui illustre au mieux la collaboration et expliquez votre choix.

La Résistance

Malgré cette invasion et dominance allemande, de nombreux Français refusent de collaborer et forment un mouvement de résistance. De nombreux mouvements de résistance s'opposent à l'Occupation nazie en France et au régime de Vichy. Partout en France des groupes d'hommes et de femmes se créent et **luttent** activement contre l'ennemi allemand. Cette Résistance est constituée de **réseaux** secrets d'informations qui aident les soldats **alliés** à combattre l'armée allemande.

lutter to fight
le réseau network
l'allié ally

Members of the Resistance were seen as the enemy by the Nazis and Vichy France. The Milice and the Gestapo actively sought out their members. If a member of the Resistance were found, they would be arrested and deported to concentration camps. The Resistance was a threat to the German army. Groups formed everywhere and the 'Maquis' represented the Resistance in the countryside. During the restaurant scene Jean refers to the 'Maquis'.

One famous Resistance figure was General de Gaulle whose influence grew rapidly in France in the early 1940s. He led the Resistance with the support of Jean Moulin. De Gaulle fled to London from where he made his famous appeal, 'l'appel du 18 juin', calling all French people to rally against the German invasion. In France the Resistance built networks of propaganda against Vichy France and clusters of saboteurs and spies grew throughout France.

> **Build critical skills**
> **2** Regardez la scène du restaurant [01:03:28–01:08:27]. Examinez qui sont les collaborateurs et qui sont les résistants ? Expliquez votre réponse.

La solution finale et l'Holocauste

En 1942 la solution finale est décidée par les nazis. La solution finale est le génocide délibéré et l'extermination de tous les **juifs** européens. Au début en 1940 le régime de Vichy, sous l'influence du nazisme, pratique un **antisémitisme** d'Etat qui vise à exclure les juifs de certaines professions ou de lieux publics. Rapidement cet antisémitisme se transforme, sous les ordres nazis, en solution finale. Des milliers de juifs sont **déportés** en masse dans **les camps de concentration** et exterminés. Le nom Holocauste est alors utilisé pour définir ce génocide des juifs d'Europe par les nazis. La Gestapo, aidée par la Milice, est responsable de rechercher, d'arrêter et de déporter des juifs jusqu'en 1944. Les camps de concentration sont libérés à la fin de la guerre en 1945.

les juifs (m) Jewish people
l'antisémitisme (m) antisemitism
déportés deported
le camp de concentration concentration camp

AU REVOIR LES ENFANTS

Key quotation

— *T'as peur ?*
— *Tout le temps.*
(Jean en réponse à Julien)

Dis donc toi, tu sais pas lire, ce restaurant est interdit aux youtres.
(milicien français)

TASK

4 Recherchez des informations sur la rafle du Vel d'Hiv en 1942 et expliquez en quoi cela vous aide à mieux comprendre ce film.

At first, Jews were excluded from society and were forced to wear a yellow star, the yellow Star of David, and were banned from certain public places. But this separation rapidly changed and France had to adopt Hitler's Final Solution. In Paris, in July 1942, 13,152 Jews, including 4,115 children and 5,919 women, were rounded up by the French police in a place called the Vélodrome d'Hiver or Vel d'Hiv. Under orders from the Germans they were deported to the Auschwitz concentration camps. This event is known as la Rafle du Vel d'Hiv.

The Nazis created numerous concentration camps where they sent the Jews. At first the camps were built to imprison enemies and certain groups of people, but soon Hitler ordered the construction of death camps. The Nazis built six extermination camps in Poland to exterminate the Jews. Yet while Hitler's primary targets were the Jews in Europe, he also condemned other groups of people such as homosexuals, disabled people, traitors and members of the Resistance. The Nazis believed in the supremacy of the Aryan race and wanted to purify the human race. It is estimated that around 75,000 Jews were deported from France to concentration camps.

▲ Child survivors at Auschwitz concentration camp, 1945

Activités

1 Associez les définitions aux mots suivants :

1 la Gestapo   a heures imposées pour éteindre les lumières

2 les couvre-feux   b décision prise par Hitler d'exterminer tous les juifs d'Europe

3 la France occupée   c extermination d'un groupe de personnes

4 la Solution finale   d décision de certaines personnes pendant la Seconde Guerre mondiale de s'allier aux Allemands

5 l'Holocauste   e la France sous le contrôle de l'armée allemande

6 la collaboration   f groupe d'hommes et de femmes qui faisaient partie de la Résistance et qui se cachait dans la campagne

7 le Maquis   g persécutions des juifs perpétrées par les nazis

8 le génocide   h la police secrète nazie

2 Remplissez le texte avec les mots de l'encadré et traduisez le texte en anglais.

Au revoir les enfants se passe pendant **1** .... *et raconte l'histoire du petit Julien dans* **2** .... *catholique. Dans ce film on voit les réalités de la France sous* **3** .... *allemande. Le film est à la mémoire de tous* **4** .... *qui ont péri pendant* **5** .... *Jean représente tous ces juifs qui étaient traqués par* **6** .... *à la suite de la décision de* **7** .... *par les nazis. Joseph, lui, représente* **8** .... *qui s'étaient alliés aux Allemands.*

la Gestapo	les collaborateurs
les juifs	la Solution finale
l'Holocauste	un pensionnat
la Seconde Guerre mondiale	l'Occupation

3 Choisissez les quatre phrases qui sont correctes.

1 Pendant la Première Guerre mondiale la France est divisée.

2 Le Maréchal Pétain est à la charge de la France de Vichy.

3 Les Français qui ne veulent pas se soumettre aux ordres de l'armée allemande sont les collaborateurs.

AU REVOIR LES ENFANTS

    4 Le marché noir aide les populations à se procurer les denrées dont elles manquent.
    5 La religion principale de la France est le catholicisme.
    6 La Solution finale s'est seulement déroulée en Allemagne.
    7 Pendant la Seconde Guerre mondiale l'armée nazie persécute les juifs.
    8 L'Holocauste marque la fin de la guerre.

4 Continuez les phrases en rendant le sens de cette période de l'Histoire. Il peut y avoir plusieurs solutions.
    a Pendant la Seconde Guerre mondiale la France était ....
    b Le Maquis désigne le groupe de personnes qui ....
    c Le Maréchal Pétain a décidé de ....
    d Les Français ont alors subi ....
    e Sous la France de Vichy les conditions de vie des Français ....
    f Les juifs devaient ....
    g Les juifs ont été déportés ....
    h La Solution finale a été commandée ....

5 Répondez aux questions suivantes en français.
    1 Donnez quatre détails de la vie quotidienne des Français pendant la Seconde Guerre mondiale.
    2 Expliquez pourquoi les nazis traquaient les juifs.
    3 Donnez quelques détails des actions des résistants en France.
    4 Qui était le Général de Gaulle?
    5 Expliquez ce qu'étaient les camps de concentration.

Contexte

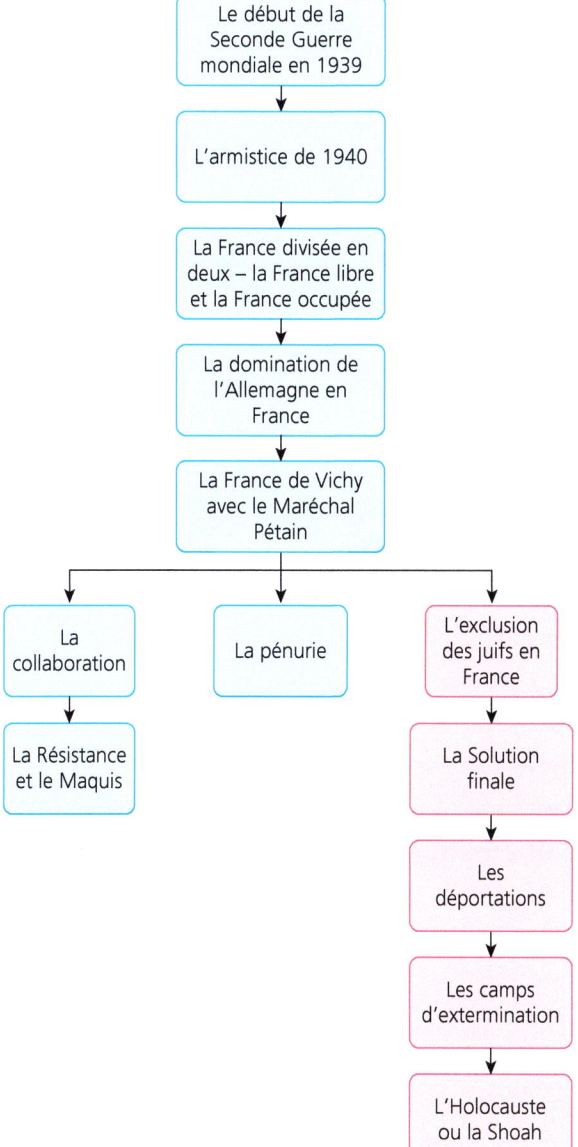

Vocabulaire

les Allemands (m) the Germans
aller à la messe to go to mass
l'antisémitisme (m) antisemitism
l'armée allemande the German army
les bains publics (m) public baths
camoufler to hide
le camp de concentration concentration camp
le camp de la mort death camp
le camp d'extermination extermination camp
le chef d'État head of state
clandestin(e) illegal
le collaboration collaboration
le collaborateur collaborator
communier to take communion
se confesser to confess
la coupure d'électricité power cut
le couvre-feu curfew
les denrées (f) commodities
la déportation deportation
déporté deported
la Seconde Guerre mondiale Second World War
envahir to invade
l'espion (m) spy
exclure to exclude
exterminer to exterminate
la France de Vichy Vichy France
la France occupée occupied France
le génocide genocide
la Gestapo Gestapo (Nazi secret police)
juif (juive) Jewish
les juifs Jews
le Maquis group of Resistance fighters who hid in the countryside
la Milice French political group that collaborated with the Germans to fight against the Resistance
la naissance birth

2 Historical and social context

le nazisme Nazism
le pensionnaire boarder
le pensionnat boarding school
prier to pray
la prière prayer
privé(e) private
la propagande propaganda
se propager to spread
raconter to tell
le rationnement rationing
rationner to ration
le réseau secret secret network
la Résistance Resistance
saboter to sabotage
la Shoah Holocaust
les soldats alliés (m) allied soldiers
se soumettre to abide, to comply, to submit
les troupes (f) troops

3 Scene summaries

Sur le quai de la gare
[00:00:19-00:02:04]

La scène se passe sur **le quai** de la gare alors que Julien est sur le point de repartir pour son pensionnat. Julien est avec sa mère et ne veut pas la quitter. François, le frère de Julien, entre dans le champ de vision peu de temps après. Cette scène est très efficace puisque Louis Malle introduit le personnage principal, plante le décor du film et y introduit certains thèmes.

La France sous l'Occupation est suggérée par de nombreux détails : la présence de soldats allemands et l'annonce en allemand. Les vêtements des personnes marquent aussi l'époque. Les couleurs choisies par Louis Malle soulignent également cette époque de guerre avec des couleurs sans éclat et **mornes** qui intensifient la morosité de cette période de guerre.

Les thèmes comme la séparation et **les souvenirs** sont aussi évoqués. Il est évident que Julien est triste de quitter sa mère et ce sentiment se transforme quand il dit « Papa, je m'en fous. Vous, je vous déteste. » **Les plans rapprochés** et la focalisation sur **les regards** de Julien et sa mère suggèrent aussi cette dure séparation. Les deux personnes apparaissent si proches que le téléspectateur comprend que la séparation est difficile. De plus, le **rouge à lèvres** de la mère de Julien, seule couleur chaude de la scène, suggère cette chaleur et cet attachement maternel. Julien apparait comme un garçon très jeune, souffrant de la séparation, qui joue les durs pour cacher ses vrais sentiments.

De plus, les scènes ont un air de photos anciennes dont les couleurs sont **passées,** et cet aspect intensifie le côté autobiographique de l'histoire; Louis Malle raconte en effet en partie sa propre histoire.

Pour en savoir davantage sur les thèmes de la séparation et de la guerre, voyez la page 37 (la séparation) et la page 39 (la guerre).

le quai platform
morne gloomy
les souvenirs (*m*) memories
les plans rapprochés (*m*) medium close-ups (e.g. showing chest and head)
les regards (*m*) eyes
le rouge à lèvres lipstick
passé(e) faded

3 Scene summaries

▲ Julien and his mother

Activity

1 Continuez les phrases suivantes en vous servant du vocabulaire du texte :
   1 Cette scène introduit la ……….
   2 Louis Malle introduit quatre thèmes qui sont ……….
   3 Louis Malle utilise ………., ………. et ………. comme techniques cinématographiques.
   4 Un élément de la guerre présent dans cette scène est ……….
   5 Ce qui saute aux yeux dans cette scène c'est ……….

Dans le train
[00:02:05–00:03:26]

Julien est dans le train et regarde par la fenêtre. On voit la forêt qui **défile** devant nous comme si nous étions aux côtés de Julien. C'est une scène très intime puisque Malle utilise des **gros plans** et des plans rapprochés — on se sent très **proches** de Julien et nous ressentons ses émotions. De plus, le paysage qui défile suggère le temps qui passe et les souvenirs. Planté derrière cette fenêtre, immobile, Julien semble coincé dans ses sentiments. Le thème musical de cette scène accentue également la **tristesse**.

Pour en savoir davantage sur le thème de la séparation, voyez la page 37.

défiler to pass by
les gros plans (*m*) close-ups
proche close
la tristesse sadness

AU REVOIR LES ENFANTS

> **TASK**
> 1 Regardez la scène du train et notez les sentiments que vous ressentez. Expliquez ce qui vous fait ressentir ces émotions.

le dortoir dormitory
s'eteindre to be turned off

Activity

2 Traduisez le résumé de la scène dans le train en anglais.

La première rencontre
[00:04:33–00:07:18]

Cette scène se passe dans **le dortoir**. Jean, le nouveau, est présenté aux enfants et on lui donne un lit près de celui de Julien. Il est intéressant de noter que la lumière du dortoir **s'éteint** lors du tout premier dialogue entre les deux garçons et que Julien n'est pas très gentil envers Jean. En effet Julien apparait très froid quand il dit à Jean « Quand on me cherche, on me trouve ». Julien tente de donner une autre image de lui-même, une image d'un garçon dur. On découvre aussi dans cette scène que Julien et Jean s'intéressent tous les deux à la lecture.
Pour en savoir davantage sur le thème de l'enfance, voyez la page 36.

> **Key quotation**
>
> *Quand on me cherche, on me trouve.*
> (Julien)

▲ Julien and Jean

> **TASK**
> 2 Regardez la scène précédente avec les enfants dans le dortoir et prenez des notes sur cette scène. Que se passe-t-il ? Quels personnages voyons-nous ?

Activity

3 Utilisez les mots du résumé pour compléter le texte ci-dessous. Il va falloir modifier certains mots. Traduisez le texte en anglais.

Dans cette scène on voit les deux **1** .... *dans* **2** .... *et Julien est plutôt* **3** .... *envers Jean. Jean vient d'* **4** .... *aux autres pensionnaires. Dans cette* **5** .... *on apprend que les deux garçons ont un point commun qui est* **6** ....

3 Scene summaries

Les échasses
[00:10:31-00:12:49]

Cette scène se passe dans la cour de l'école et les garçons sont en train de **jouer aux échasses.** Cette scène est intéressante pour plusieurs raisons. Tout d'abord on s'aperçoit que l'environnement des garçons est un monde assez brutal : les enfants **se font tomber** et sont assez brutaux les uns envers les autres. **La mesquinerie** n'est pas seulement physique mais aussi verbale. Les garçons ne sont pas tendres entre eux. De plus, on s'aperçoit que Jean **se met à l'écart** de ce jeu en lisant son livre. Puis on rencontre également d'autres personnages. Finalement on a un aperçu des plus grands en train de fumer dans le coin de la cour.
Pour en savoir davantage sur les thèmes de l'enfance et de la violence, voyez la page 36 (l'enfance) et la page 37 (la violence).

jouer aux échasses to play on stilts
se faire tomber to knock each other over
la mesquinerie meanness
se mettre à l'écart to separate yourself

Activity

4 Finissez les phrases en conservant le sens et en utilisant la conjonction de subordination « qui ».
   1 Dans cette scène on voit les enfants qui ……….
   2 Dans cette scène on voit les garçons ……….
   3 Dans cette scène on voit Jean ……….
   4 Dans cette scène on voit les grands ……….
   5 Dans cette scène on voit un environnement ……….
   6 Dans cette scène on voit une violence ……….

GRADE BOOSTER

```
Ensure that you use complex language jn your essay.
Including subordinate clauses is a good way to use
complex grammar.
```

Le marché noir
[00:12:49-00:13:57]

Cette scène introduit des idées principales sur le personnage de Joseph. Bien que cette scène soit assez courte, on apprend beaucoup de choses sur Joseph. Tout d'abord Julien aperçoit **les manigances** de Joseph en cuisine. Puis, à l'extérieur, en contraste avec Julien on voit que Joseph est infirme et qu'il est pauvre, comme le suggère sa tenue vestimentaire. Julien veut échanger ses confitures contre les timbres.
Pour en savoir davantage sur le thème de la guerre, voyez la page 39.

les manigances (f) activities, schemes

AU REVOIR LES ENFANTS

Activity

5 Complétez les phrases en gardant le sens du résumé.
  1 Grâce à cette scène on sait que Joseph ……….
  2 Dans cette scène Julien ……….
  3 Après avoir vu cette scène on sait que ……….
  4 Dans cette scène Joseph ……….
  5 L'idée principale de cette scène est ……….
  6 Dans cette scène les deux garçons ……….

À la cantine
[00:13:58–00:16:33]

le réfectoire canteen
la pénurie shortage
l'indice (m) clue

Build critical skills

1 La religion catholique : regardez cette scène et analysez la position des enfants face aux valeurs religieuses de leur établissement.

Dans cette scène les élèves sont au **réfectoire** et prennent leur repas, surveillés par le personnel du collège. Cette scène est un très bon exemple de la vie quotidienne sous l'Occupation et également de la vie quotidienne dans un pensionnat religieux. On voit un garçon, Boulanger, manger de la nourriture qu'il a reçue de ses parents. En effet, en temps de guerre tout le monde souffrait de la **pénurie** et du rationnement. Les parents pouvaient envoyer de la nourriture supplémentaire à leurs enfants. Malheureusement Boulanger ne partage pas le contenu de son panier à provisions avec ses camarades et Père Jean lui rappelle que les provisions personnelles doivent être partagées.

Dans cette scène le téléspectateur commence à avoir **des indices** sur le nouvel élève. En effet, Jean refuse de manger le dernier morceau de viande qu'il reste dans le plat car c'est du porc.

On est témoin aussi de la mesquinerie qu'il existe entre les pensionnaires puisqu'un garçon prend le biscuit vitaminé (autre indice temporel) de Jean et le lèche avant de lui redonner.

Finalement Julien tente de parler à Jean mais en vain. On entend Julien dire « Il m'énerve ce type », ce qui exprime sa frustration.

Pour en savoir davantage sur les thèmes de la religion, la guerre et l'enfance, voyez la page 40 (la religion), la page 39 (la guerre) et la page 36 (l'enfance).

Activity

6 Identifiez les cinq phrases qui sont correctes et traduisez-les en anglais.
  1 Cette scène se passe dans le dortoir après le repas des enfants.
  2 En temps de guerre il faut partager.
  3 Boulanger n'hésite pas à partager ses provisions avec ses camarades.
  4 Grace à cette scène on apprend beaucoup sur les conditions en temps de guerre.

3 Scene summaries

5 On apprend que Jean ne mange pas de porc.
6 Sous l'Occupation la pénurie touchait tout le monde.
7 Jean est amical envers Julien.
8 Julien est agacé par l'attitude de Jean.

Le cours de mathématiques
[00:17:46-00:19:11]

Les élèves suivent un cours de mathématiques. Cette scène se focalise principalement sur le personnage de Jean. Tout d'abord il subit une nouvelle fois **les railleries** de ses camarades. De plus, un autre indice apparait sur son identité. En effet, Jean résout un exercice de maths très compliqué, ce qui renforce le stéréotype que les juifs sont des personnes très intelligentes. On se rend compte également que Julien est jaloux de ce nouvel élève. Le cours de mathématiques est interrompu par une sirène d'**alerte** qui indique aux enfants qu'ils doivent aller se réfugier dans **l'abri souterrain**.
Pour en savoir davantage sur les thèmes de la jalousie et des juifs, voyez la page 38 (la jalousie) et la page 40 (les juifs).

les railleries (f) mockery

une alerte a warning
l'abri souterrain underground shelter

Activity

7 Continuez les phrases en gardant le sens de la scène.
 1 En utilisant un stéréotype bien connu sur les juifs, Malle veut nous faire comprendre que ....
 2 En voyant le visage de Julien, on comprend que ....
 3 En montrant les enfants se moquer de Jean, Malle veut nous montrer que ....
 4 En montrant Julien agacé par Jean, Malle nous montre que ....

Aux abris tout le monde !
[00:19:12-00:20:58]

Le cours de mathématiques continue mais Julien préfère lire un roman plutôt que son livre d'algèbre. Julien refuse de partager sa torche avec Jean ; on voit encore ici les débuts difficiles de leur amitié puisqu'à tour de rôle Jean et Julien s'agacent. Il n'est pas sans importance que Jean et Julien soient assis l'un à côté de l'autre. Soudainement un bruit d'explosion retentit et les enfants se mettent à prier Marie. C'est à cet instant que Julien commence à avoir des **soupçons** sur Jean : il est le seul

GRADE BOOSTER

When watching a scene it is important to focus on the messages and the ideas that the filmmaker is trying to convey. Do not focus simply on what you see happen on the screen. Try to get the meaning out of the action and the film techniques. A great deal is hidden!

les soupçons (m) suspicion

AU REVOIR LES ENFANTS

remarquer to notice

à ne pas prier alors qu'un plan d'ensemble montre que tous les autres enfants sont en train de prier. Julien est le seul à le **remarquer.**

Pour en savoir davantage sur les thèmes de la guerre, de la religion et de l'amitié, voyez la page 37 (la séparation), la page 40 (la religion) et la page 38 (l'amitié).

TASK
3 Regardez cette scène et faites une liste des techniques cinématographiques utilisées et réfléchissez à leur signification.

Activity

8 Répondez aux questions suivantes.
1. Pourquoi est-ce que les enfants vont dans l'abri souterrain ?
2. Où est assis Jean ?
3. Que ne veut pas faire Julien ?
4. Pourquoi est-ce que les enfants prient ?
5. Que fait Jean ?
6. Que remarque Julien ?

La leçon de piano
[00:24:30–00:26:24]

Julien est en train de jouer du piano sous le regard distrait de sa professeure qui ne lui prête pas beaucoup d'attention. Julien, quant à lui, la regarde amoureusement. On se rend compte ici que Julien n'est pas très bon. Puis Jean entre dans la pièce et commence à jouer. Contrairement à Julien, Jean est **doué** et sa professeure est **stupéfaite** quand elle l'entend. La caméra se focalise sur Jean et sa professeure, ce qui exclut Julien du **champ de vision**. Julien quitte la pièce et regarde la leçon derrière la vitre de la porte. La jalousie de Julien envers Jean est ici **exacerbée.**

Pour en savoir davantage sur les thèmes de la jalousie, de l'innocence perdue et de grandir, voyez la page 38 (la jalousie) et la page 37 (l'innocence perdue et grandir).

doué(e) gifted
stupéfait(e) astonished
le champ de vision field of vision
exacerbé(e) aggravated

Activity

1. Dans cette séquence on voit Julien ……….
2. Dans cette scène on voit trois personnages qui sont ……….
3. Dans cette scène on voit que Jean est ……….
4. Dans cette scène on voit que Julien est ……….
5. Cette scène est un très bon exemple de ……….
6. La leçon de piano illustre ……….

3 Scene summaries

Aux bains publics
[00:29:36–00:33:55]

Les enfants se dirigent vers les bains publics dans **la brume** accompagnés de Père Jean. Sur la route ils croisent des soldats allemands en moto. À l'entrée des bains la caméra se focalise sur **une pancarte** disant « interdit aux juifs ». En entrant dans **les vestiaires** Jean appréhende de passer à côté de quatre soldats allemands. Il s'assoit à côté d'eux mais leur tourne le dos. Les enfants sont intrigués par ce nouvel élève et lui demande pourquoi il ne fait pas sa communion solennelle. À cela, Jean leur répond qu'il est protestant. Julien, en apprenant cela, s'étonne que le nom de famille de Jean n'est pas protestant. Le doute s'installe… Un à un les enfants sont dirigés par Père Jean dans les douches ou dans les bains.

Pour en savoir davantage sur les thèmes de la persécution des juifs et de la guerre, voyez la page 40 (la persécution des juifs) et la page 39 (la guerre).

la brume fog/mist
une pancarte a sign
les vestiaires (*m*) changing rooms

TASK
4 Regardez le moment quand les enfants sortent des bains publics. Quel autre indice nous indique que nous sommes sous l'Occupation allemande ?

Activity

10 Relevez dans le film des indices :
- sur l'identité de Jean
- sur l'Occupation allemande
- sur l'époque du film

▲ At the public baths

AU REVOIR LES ENFANTS

Kippelstein
[00:37:36-00:41:38]

faire de la contrebande to smuggle

les billes (f) marbles

fouiller to search, to go through

Julien voit son frère François **faire de la contrebande** de cigarettes avec Joseph mais Julien ne s'intéresse pas à leurs manigances. Lui, il préfère ses **billes.** C'est le jour de la distribution du courrier. Julien reçoit une lettre de sa mère et se précipite dans le dortoir. Le dortoir est vide. Poussé par sa curiosité il **fouille** les affaires de Jean et découvre son vrai nom. Jean ne s'appelle pas Bonnet mais Kippelstein.
Pour en savoir davantage sur les thèmes du marché noir, de l'enfance et du secret de Jean, voyez la page 37 (le marché noir), la page 36 (l'enfance) et la page 40 (le secret de Jean).

Activity

11 Utilisez cette structure grammaticale « après avoir » pour écrire cinq phrases différentes sur les actions de cette scène.

GRADE BOOSTER

```
When watching a scene, try to analyse as much detail as
possible and to link what you see with the themes. This
is a good way to accumulate examples of the themes to
add to your essay.
```

Key quotation

C'est quoi un youpin ?
(Julien)

C'est quoi un youpin ?
[00:44:25-00:46:07]

faire le grand to act older

un youpin a negative term, meaning a Jew

Dans la cour du collège, Julien va vers les grands et se joint au groupe. Les grands fument et Julien veut **faire le grand**, prend une cigarette et tousse.
C'est dans cette scène que Julien demande à son frère ce qu'est un **youpin**. François répond simplement que ce sont des personnes qui ne mangent pas de cochon, qui sont plus intelligentes et qui ont crucifié Jésus Christ. Julien s'étonne de cette réponse et dit que ce sont les Romains qui ont crucifié Jésus Christ.
De plus, dans cette scène on apprend que François est amoureux de la professeure de piano puisqu'il demande à son frère de lui donner un message. La scène se termine avec François proposant un livre interdit à son petit frère.
Pour en savoir davantage sur les thèmes de l'enfance, de grandir et des juifs, voyez la page 36 (l'enfance), la page 37 (grandir) et la page 40 (les juifs).

Build critical skills

2 Dans cette scène deux mondes apparaissent: celui des adultes et celui de l'enfance. Comment est-ce que Malle nous montre ces deux mondes ?

3 Scene summaries

Activity

12 Répondez aux questions en français.
1. Que fait Julien pour faire le grand ?
2. Que demande Julien à son frère ?
3. Selon François, qu'est-ce qui caractérise un juif ? Donnez un détail.
4. Comment réagit Julien à la réponse de son frère ?
5. De qui est-ce que François est amoureux ?
6. Qu'est-ce que François demande à son frère ?

Jean et Julien perdus dans la forêt
[00:44:08–00:55:21]

Cette scène se passe à l'extérieur du collège. Les élèves partent faire **une chasse au trésor** dans les bois. C'est un moment important dans le développement de l'amitié entre Julien et Jean puisqu'ils vont **se rapprocher**. En effet, ils partagent une expérience commune dans la forêt, font équipe et se retrouvent perdus ensemble. Pendant **la course poursuite** on éprouve la tension ressentie par les élèves. Jean et Julien sont séparés puis se retrouvent. Après avoir **erré** quelques instants les deux garçons sont trouvés par des soldats allemands qui les reconduisent au collège. Julien et Jean sont **emmitouflés** dans une couverture à l'arrière de la voiture. À l'écran, Louis Malle utilise la caméra efficacement pour montrer ce rapprochement. Il y a plusieurs plans **cadrés** sur les deux enfants et des plans rapprochés aussi, comme celui entre les arbres et bien sûr celui dans la voiture des soldats allemands. Cette scène est une scène symbolique.
Pour en savoir davantage sur les thèmes de l'amitié et de l'enfance, voyez la page 38 (l'amitié) et la page 36 (l'enfance).

la chasse au trésor treasure hunt
se rapprocher to get closer
la course poursuite race
errer to wander
emmitouflé(e) wrapped up
cadré(e) framed, focused

Build critical skills

3 Regardez cette scène et analysez les couleurs utilisées. En quoi sont-elles différentes du reste du film ? Quel est leur effet sur le téléspectateur ?

13 Complétez les phrases en mettant les verbes du résumé au passé-composé.
1. Dans cette scène les élèves .... une chasse au trésor.
2. Pendant la chasse au trésor, Julien et Jean .... équipe.
3. Dans les bois Julien et Jean .... une expérience commune.
4. Après la course poursuite, Jean et Julien ....
5. Après s'être perdus, les deux garçons .... par les Allemands.
6. Les Allemands .... Jean et Julien au collège.

TASK

5 Regardez la scène et faites une liste des moments qui montrent le rapprochement de Julien et Jean.

AU REVOIR LES ENFANTS

Le restaurant interdit aux juifs
[01:03:28–01:08:27]

verdure word used to refer to German soldiers, referring to the colour of their uniforms. It literally means 'the greenery'.

vouvoyer to use *vous*

tutoyer to use *tu*

youtre insulting word for a Jewish person

outré(e) outraged

collabo shortened form of the word 'collaborateur', used to refer to French people who decided to follow the German orders

pétainiste French people who believed Pétain would help France out of the war

Build critical skills

4 Regardez la scène et analysez le regard de Jean et Julien quand le collabo s'approche du vieil homme ? Que fait la caméra ?

C'est le jour de la visite des familles. Mme Quentin emmène ses fils au restaurant. Julien a demandé à sa mère si Jean pouvait les accompagner.

Le premier plan à l'intérieur du restaurant nous montre des femmes très bien habillées, portant des chapeaux et maquillées, et des hommes portant des costumes. Au premier plan on voit un homme âgé seul à sa table et à l'arrière-plan des soldats allemands très bruyants.

Au moment de passer commande Mme Quentin ne peut avoir ce qu'elle désire faute de pénurie et doit payer en ticket de rationnement. Énervé par le bruit que font les Allemands, François se retourne et les traite de « **verdure** », ce qui montre bien sa position envers les Allemands. (Le mot « verdure » fait référence à la couleur des uniformes des soldats allemands. Le mot a alors ici une connotation péjorative. « La verdure » dénote qu'il y a beaucoup de soldats.)

Soudainement, pendant le repas, deux miliciens vêtus d'un uniforme bleu foncé font irruption dans le restaurant. Un milicien se dirige vers le vieil homme. Après l'avoir **vouvoyé** pour lui demander ses papiers, il change de ton et le **tutoie**. En effet le vieil homme est juif et ceci est indiqué sur ses papiers d'identité. Le milicien lui rappelle que le restaurant est interdit aux « **youtres** ». Les clients du restaurant, ainsi que François, sont **outrés** par ce comportement et se révoltent. Ils disent aux miliciens de partir. François les traite de « **collabo** ».

Il est aussi intéressant de noter dans cette scène les références à Pétain et à Blum par Mme Quentin, qui dit que plus personne n'est **pétainiste** et qui exprime son avis sur Léon Blum*.

*Léon Blum était le chef du Front Populaire en France de 1936 et 1937. Léon Blum était juif et a mis en place de nombreuses réformes sociales. Étant de la haute bourgeoisie, Mme Quentin s'opposait aux idées socialistes de Blum.

Pour en savoir davantage sur les thèmes de la guerre et l'antisémitisme, voyez la page 39 (la guerre) et la page 40 (l'antisémitisme).

Key quotation

Dis donc, toi, tu sais pas lire, ce restaurant est interdit aux youtres.
(milicien)

3 Scene summaries

Activity

14 Relevez les détails de cette scène qui illustrent :
- la classe sociale des clients
- la pénurie en temps de guerre
- la France sous l'Occupation
- la persécution des juifs
- la France résistante

L'arrestation de Jean
[01:23:45–01:28:09]

Les enfants sont en classe et soudainement deux soldats allemands font irruption, accompagnés d'un officier de la Gestapo, Dr Müller. Ils disent être à la recherche de « Jean Kippelstein ». **Inquiet** pour son ami, Julien regarde Jean. Dr Müller comprend alors que Jean est « Kippelstein » et se dirige vers lui. Sans dire un mot, résigné, et en baissant le regard, Jean range ses affaires et l'accompagne. En quittant la classe Jean tente de dire au revoir à Julien mais **leur poignée de main** est interrompue. On ressent de **la culpabilité** et de **l'étonnement** sur le visage de Julien.
Pour en savoir davantage sur les thèmes de la guerre, des juifs, de l'amitié et la culpabilité, voyez la page 39 (la guerre), la page 40 (les juifs) et la page 38 (l'amitié, la culpabilité).

inquiet (inquiète) worried, concerned
la poignée de main handshake
la culpabilité guilt
l'étonnement (*m*) astonishment

Activity

15 Complétez les phrases en utilisant la structure *en* + participe présent.
1. Louis Malle montre que Julien se sent coupable ……… [faire un gros plan] sur son visage.
2. Louis Malle montre que l'amitié entre Julien et Jean est brisée ……… [montrer] la poignée de main interrompue.
3. L'officier de la Gestapo comprend qui est Kippelstein ……… [voir] le regard de Julien.
4. Julien dénonce malgré lui son ami ……… [le regarder].
5. [ne pas dire un mot] ………, Jean accompagne Dr Müller.
6. [se focaliser] ……… sur l'attitude de Jean, Louis Malle montre la soumission du jeune garçon.

Build critical skills

5 Louis Malle utilise la technique du regard efficacement pour transmettre des émotions. Regardez cette scène et analysez les regards. Qu'expriment ces regards ?

AU REVOIR LES ENFANTS

La scène finale
[01:37:08-01:38:45]

le pas step
faire signe de la main to wave
s'emplir de larmes to fill with tears

TASK
6 Regardez la scène finale. Que ressentez-vous et pourquoi ?

Les enfants sont dans la cour du collège qui vient d'être envahi par l'armée allemande après la dénonciation de Père Jean par Joseph et l'arrestation de Jean.
Père Jean et les trois enfants juifs sont emmenés par les soldats allemands. Le silence règne. Seuls les cloches de l'église du village et **les pas** des soldats allemands se font entendre. Soudain un jeune garçon lance « Au revoir, mon père » qui est alors répété par les autres enfants. Père Jean leur répond « Au revoir, les enfants ». Cette phrase très simple accentue la brutalité de la scène. Avant de partir, Jean s'arrête et se retourne devant la porte. Julien lui **fait signe de la main**. Julien est frappé par la réalité de la guerre et le gros plan sur son visage souligne son étonnement. Ses yeux **s'emplissent de larmes.**
La scène se termine avec la voix de Louis Malle : « Plus de quarante ans ont passé et jusqu'à ma mort je me rappellerai chaque seconde de ce matin de janvier. »
Pour en savoir davantage sur les thèmes de la guerre, de la persécution des juifs et de l'innocence perdue, voyez la page 39 (la guerre), la page 40 (la persécution des juifs) et la page 37 (l'innocence perdue).

▲ The pupils watching as Père Jean and the Jewish children are deported

Activity

16 Répondez aux questions en français.
1. Où sont les enfants ?
2. Qu'apprenons-nous quand Julien parle à Joseph avant cette scène ?
3. Qu'entendons-nous dans cette scène ?
4. Que dit Père Jean aux enfants ?
5. Où sont emmenés Père Jean et les enfants juifs ?
6. Comment le savons-nous ?
7. Que fait Jean avant de partir ?
8. Que marque cet événement pour Julien ?

Key quotation

Plus de quarante ans ont passé et jusqu'à ma mort je me rappellerai chaque seconde de ce matin de janvier.
(Louis Malle)

Au revoir, les enfants.
(Père Jean)

Activités

1. Dans la première scène sur le quai de la gare, comment est-ce que Louis Malle plante le décor de la Seconde Guerre mondiale ?
2. Quels sont les sentiments ressentis par Julien pendant les premières scènes ?
3. Dans quel genre d'établissement est-ce que Julien est scolarisé ?
4. Comment est-ce que Julien réagit à l'arrivée du nouvel élève?
5. Comment est-ce que les autres enfants perçoivent Jean Bonnet ?
6. Qui est Jean Bonnet ?
7. Qui est François ?
8. Quels sont les points communs entre Jean et Julien ?
9. Comment s'exprime la mesquinerie envers Jean?
10. Quels sont les détails qui montrent que les conditions de vie quotidienne en temps de guerre sont difficiles ?
11. Qui est-ce que Père Jean accueille au sein de son établissement ?
12. Quelles personnes ne sont pas autorisées dans les bains-douches municipaux?
13. Quel est le secret de Julien ?
14. Quels sont les indices de la vraie identité de Jean ?
15. Comment est-ce que Julien découvre la vraie identité de Jean ?
16. Pourquoi est-ce que Julien demande à son frère la signification du mot « youpin » ?
17. Pourquoi est-ce que Jean et Julien sont tous seuls dans la forêt ?
18. Qui les trouve ?
19. Quels sont les personnages présents dans la scène du restaurant ?
20. Pourquoi Joseph est-il renvoyé de l'école ?
21. Qu'est-ce qui pousse Joseph à dénoncer Père Jean à la Gestapo ?
22. Pourquoi est-ce que Julien se sent coupable pendant l'arrestation de Jean ?
23. Que réalise Julien à la fin du film, pendant la scène finale ?

Résumé des scènes

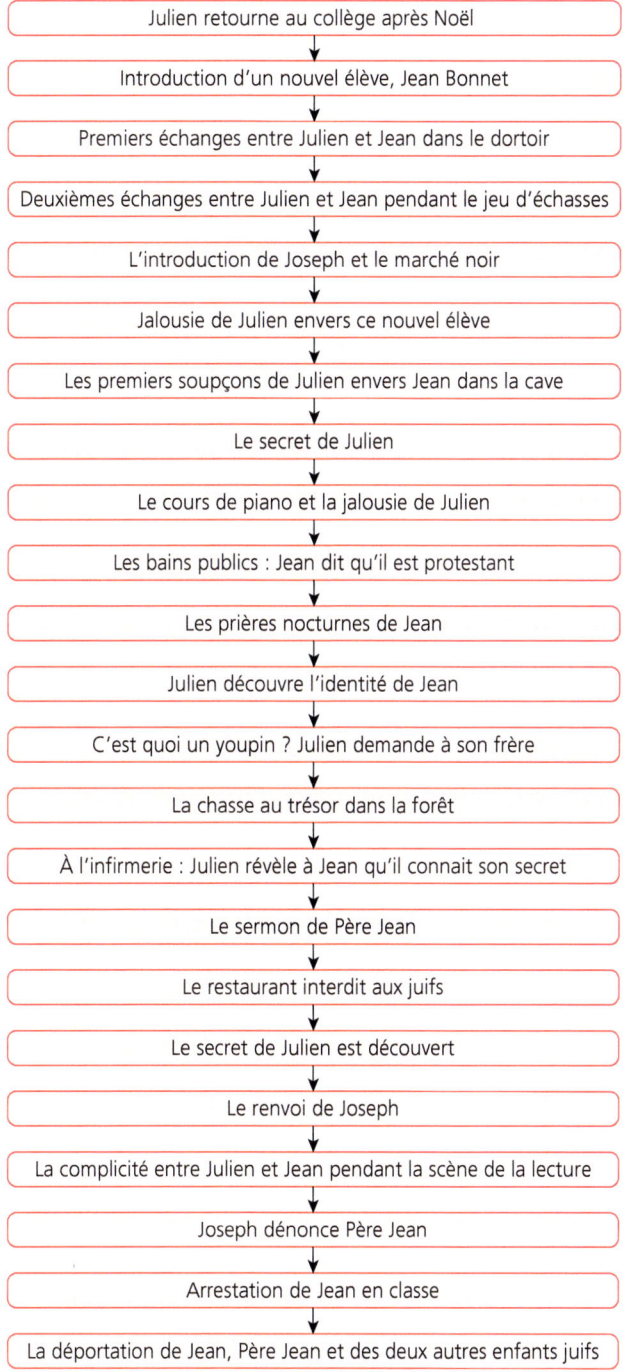

AU REVOIR LES ENFANTS

Vocabulaire

l'abri souterrain (m) underground shelter
agacé(e) annoyed
l'alerte (f) a warning
les bains publics (m) public baths
le biscuit vitaminé biscuit with vitamins given to young children during the war
la chasse au trésor treasure hunt
le collabo shortened form of the word 'collaborateur', used to refer to French people who decided to follow the German orders
se confesser to confess
le dortoir dormitory
doué(e) gifted
les échasses (f) stilts
exacerbé(e) aggravated
faire de la contrebande to smuggle
fouiller to search / to go through
la Gestapo German secret police
l'indice (m) clue
manigancer to be up to something
le marché noir black market
Marie Virgin Mary
mesquin(e) mean
se mettre à l'écart to separate yourself
la Milice French police working with the German army/police
morne gloomy
la pancarte sign
passé(e) faded
le pensionnaire boarder
le pensionnat boarding school
la pénurie shortage
pétainiste French person who believed Pétain would help France out of the war
prier to pray
la prière prayer

le quai platform
railler to mock
les railleries (f) mockery
le réfectoire canteen, refectory
le regard eyes; the look
remarquer to notice
le rouge à lèvres lipstick
le sermon sermon
(avoir) des soupçons to be suspicious
se souvenir to remember, to recall
les souvenirs (m) memories
stupéfait(e) surprised
la tristesse sadness
les vestiaires (m) changing room
le youpin negative word meaning a Jew
youtre insulting word for a Jewish person

4 Themes

In *Au revoir les enfants* we find the following main themes:
- *l'enfance*: childhood
- *la perte de l'innocence*: loss of innocence
- *l'amitié*: friendship
- *la guerre et l'antisémitisme*: war and antisemitism
- *la religion*: religion

Other secondary ideas such as memories, growing up, guilt, persecution are also present in the film.

L'enfance

Ce film est raconté à travers les expériences de Julien et il se focalise sur deux jeunes garçons. L'enfance se caractérise notamment par l'ignorance, l'innocence, le jeu et ces aspects sont bien présents dans le film.

L'innocence
Tout d'abord ce qui frappe le téléspectateur c'est l'innocence de Julien par rapport à la guerre et ses atrocités envers le peuple juif. Il demande par exemple à son frère « c'est quoi un youpin ? », ce qui souligne sa naïveté. En outre, quand Julien apprend que Jean est juif, cela n'a aucune importance pour lui.

Un très jeune garçon
De plus Julien est présenté comme étant très jeune, ce qui est suggéré par sa réaction quand il quitte sa mère sur le quai de la gare. On apprend aussi plus tard dans le film qu'il souffre d'énurésie, c'est-à-dire qu'il urine encore dans son lit la nuit.

L'espièglerie
Bien que nous soyons en temps de guerre, ces enfants restent des enfants et nous les voyons, **espiègles**, jouer et **se taquiner** comme tout enfant de leur âge. La guerre ne semble ni les arrêter dans leur jeu ni les **perturber**. En effet, dans la cour de l'école les enfants prennent plaisir à jouer aux **échasses**, et dans la forêt ils **se défoulent** pendant la chasse au trésor. Pendant ces scènes on arrive à oublier que le film est tourné dans un contexte de guerre.

espiègles playful
se taquiner to tease one another
perturber to disturb
les échasses stilts
se défouler to let off steam

The childhood that is portrayed is at times rather cruel. The boys are mean to each other and Malle depicts the world these young boys live in as an environment where 'the survival of the fittest' is the rule. For instance, Julien, despite his delicate nature, says 'People don't mess with me' when he first meets Jean, thus affirming that you need to be strong to survive in this environment. Moreover, some dominant boys are rather cruel towards each other, as in the scene in the canteen when they do not want to share food, or in the playground when they are playing on stilts and the game turns rather vicious. The attitude of the boys towards Jean, the new boy, is also significant. The boys are violent towards him and mean: one boy throws a pillow at Jean, five boys are physically violent towards him, Navarre does not share his meat with him and another child licks Jean's biscuit.

The boys' world is also one without parents. The boys only see their relatives every so often on Sunday visits. The boys are separated from their parents. The opening scene introduces this idea of mother–child separation and more generally the separation of children from their parents. For instance, when Jean says he has not seen his father for 2 years, Julien responds saying he does not see his father very often.

We must also remember that Malle is telling the story through the eyes of young children, and more particularly through his own eyes, as a naïve 12-year-old boy.

La perte de l'innocence

Un autre thème très présent dans le film est la fragilité de l'innocence et sa destruction. En effet, au cours du film on voit Julien perdre son innocence. Plusieurs aspects contribuent à cette perte d'innocence : des personnages, mais également des événements.

Un monde d'adultes

Joseph est le premier à sortir Julien du monde des enfants en le confrontant au **marché noir.** En outre cette pratique, c'est Joseph qui force la brutalité de la guerre dans le monde de Julien en collaborant avec les allemands.

L'atrocité de la guerre

Finalement l'innocence et la naïveté de Julien sont détruites quand Jean et Père Jean sont déportés à la fin du film. On voit très bien la réalisation de cette réalité sur le visage de Julien dans la scène finale. Julien a été protégé toute son enfance par ses parents mais aussi entre les murs de ce collège. Soudainement son **cocon** protecteur est percé.

L'exemple des plus grands

Au collège les jeunes garçons côtoient aussi des plus grands, de l'âge du frère de Julien, qui eux ont d'autres intérêts que les plus petits. En effet ils parlent de petites copines, fument des cigarettes et il y a aussi certaines allusions sexuelles.

Au revoir les enfants could be described as a coming-of-age story (**une histoire du passage à l'âge adulte**), given the evolution and the development of its main character. Indeed, Julien is less naive at the end of the film than he was at the start. He has learnt so much about the outside world and reality that he is no longer a child, despite his young age. His naive world has been invaded by the brutality of the world outside and his innocent nature has been affected by the world of adults.

Key quotation

Quand on me cherche, on me trouve.
(Julien)

TASK

1 Regardez la scène des échasses et notez tous les éléments de l'enfance. Organisez-les en éléments positifs et négatifs.

le marché noir black market
le cocon cocoon

Build critical skills

1 Joseph est souvent considéré comme un personnage secondaire dans le film et pourtant son personnage joue un rôle important dans la trame du film. Faites une liste de ce dont il est responsable dans l'histoire et demandez-vous si Joseph est plus qu'un personnage secondaire.

une histoire du passage à l'âge adulte coming-of-age story

AU REVOIR LES ENFANTS

Key quotation

C'est quoi un youpin ?
(Julien)

François, Julien's brother, subtly introduces his brother to the adult world by presenting him with such realities of life as sexuality and war. François mentions a magazine with women in it and explains the word for 'Jews' to Julien. The scene in the public baths when Julien is in the bath also reinforces this passage from a child to a young man, with the awakening of his sexuality.

L'amitié

flagrant obvious
une étape a stage
une scène phare a key scene
les plans rapprochés (*m*) medium close-ups
les regards (*m*) eyes, expressions

Un autre thème qui est **flagrant** est bien sûr celui de l'amitié. Toute l'histoire repose sur l'évolution de la relation entre Jean et Julien.

Une amitié grandissante

En effet, le téléspectateur suit les différentes **étapes** de l'amitié entre les garçons avec des débuts difficiles, la découverte d'un secret, et finalement une amitié qui devient une grande complicité. Chaque étape aura des **scènes phares** comme la présentation de Jean à Julien, la scène dans la forêt, la scène de la lecture… De nombreuses scènes dans le film capturent cette amitié.

De plus, il est intéressant de noter que les techniques cinématographiques contribuent aussi à la représentation de cette amitié avec des **plans rapprochés** sur les deux enfants et des gros plans sur leurs **regards**.

Une vraie amitié

Bien que les autres enfants se moquent de Jean et le trouvent bizarre, Julien est intrigué par cet élève. Cette curiosité va le pousser à trouver le secret de Jean. Même quand Julien découvre que Jean est juif, cela ne change rien à cette amitié grandissante.

La culpabilité et les remords

la culpabilité guilt
les remords (*m*) remorse

On sent très bien **la culpabilité** de Julien quand en classe son regard dénonce son ami. C'est parce qu'il voulait le protéger et qu'il se préoccupait de lui qu'il l'avait regardé. Malheureusement ce signe d'amitié a de lourdes conséquences et Julien ne peut que se sentir coupable. Ce sont ces **remords** qu'on peut aussi comprendre quand à la fin du film Louis Malle dit : « Plus de quarante ans ont passé et jusqu'à ma mort je me rappellerai chaque seconde de ce matin de janvier. »

The friendship between Jean and Julien is not very straightforward and ends in tragedy. After getting off to a rather difficult start, the friendship between the two young boys evolves into a very close relationship. When Jean first arrives, Julien is very wary of this new boy and is very jealous. Yet a secret is going to make them closer and their friendship will become very intimate. The two boys each have a secret — Jean is Jewish and must hide his real identity and Julien wets his bed. These secrets will seal their friendship despite the two boys being different. At no point does Julien judge Jean for being Jewish — Jean is his friend and for him that is all that matters. We understand that Julien is somehow unaware at the start of their relationship of the real significance of his friend being Jewish. Even when Julien starts to gather information about the meaning of being Jewish in wartime, this does not affect his friendship with Jean. Unfortunately this friendship will be shortlived as the brutality of war will end it tragically.

▲ Jean and Julien driven back to the school by German soldiers

Key quotation

Plus de 40 ans ont passé et jusqu'à ma mort je me rappellerai chaque seconde de ce matin de janvier.
(Louis Malle)

La guerre

Au revoir les enfants est sans aucun doute un film qui parle de la guerre et plus particulièrement de la France sous l'Occupation allemande pendant la Seconde Guerre mondiale et la persécution du peuple juif.

La vie en temps de guerre

Le film présente d'une façon très réaliste **la vie quotidienne** en temps de guerre et aussi sous la dominance de l'armée allemande. De nombreuses scènes **dépeignent** le rationnement, les pénuries et les conditions de vie pendant la guerre telles que les couvre-feux et les coupures d'électricité. La présence de l'armée allemande est aussi bien représentée tout au long du film. Il ne faut pas oublier aussi la représentation de la Résistance à travers les personnages de François et Père Jean et de la collaboration avec Joseph. Malle s'est attaché aux détails de la guerre pour rendre cette histoire réaliste.

la vie quotidienne daily life
dépeindre to depict

AU REVOIR LES ENFANTS

La persécution des juifs
Ce film traite de l'Holocauste et comme tout film de ce genre, il aborde les mêmes thèmes avec la persécution du peuple juif, l'antisémitisme, la déportation et les camps de concentration. De nombreuses scènes exposent cette persécution comme celle au restaurant avec M. Meyer, des pancartes avec « interdit aux juifs » ou le port de l'étoile jaune. Et bien sûr le fait que Jean se cache dans le collège et les conséquences tragiques pour Père Jean qui a protégé des enfants juifs.

Key quotation

C'est la guerre mon vieux.
(Joseph)

TASK
2 Faites une liste des scènes qui représentent au mieux le thème de la guerre et donnez une raison.

We must also remember that Malle is telling the story through the eyes of young children, and more particularly through his eyes, as a young boy. The depiction of the war is then somehow frivolous as at times we forget about the atrocity of war as the scenes concentrate so much on the children. In some scenes Malle reminds the viewer of the war by interrupting the flow of the action with war elements such as a power cut, a sign forbidding Jewish people to come in or air raid sirens.

It is also interesting to notice that the atrocity of the war is not explicitly presented in the film but suggested. Malle relies on the viewers' knowledge to fully grasp the scope of the film as the story is lived by a child who is unaware of the reality.

Finally, when Joseph says to Julien 'C'est la guerre, mon vieux' to justify his actions, we understand that the war is actually real.

La religion

Le thème de la religion est traité sous différentes formes.

Les valeurs catholiques
Se passant principalement dans un pensionnat de garçons catholique, le film ne peut que renforcer ces valeurs religieuses. Les journées des enfants sont rythmées pas les pratiques religieuses. Père Jean est un homme de conviction et on le voit punir Joseph pour ne pas avoir respecté les valeurs religieuses. En effet, Joseph prenait part au marché noir et Père Jean a décide donc de le **renvoyer**. Par principe, il refuse aussi de donner l'hostie à Jean quand celui-ci assiste à la messe. De plus, dans son sermon aux parents il dénonce entre autres l'arrogance, l'indifférence et l'égoïsme des riches et il **prêche** la compréhension.

renvoyer to fire
prêcher to preach

TASK
3 Faites une liste des aspects qui montrent que Jean est juif.

Les valeurs juives
Jean représente le peuple juif et la persécution dont il souffre. Comme tout film abordant l'Holocauste, l'antisémitisme joue un rôle essentiel dans ce film. Jean doit échapper aux Allemands.

Il doit d'abord cacher sa vraie identité en adoptant un nom à connotation moins juive – Jean n'est plus Jean Kippelstein mais Jean Bonnet. Il doit aussi cacher ses pratiques en priant la nuit, à l'abri des regards des autres enfants. Jean ne se joint pas aux pratiques catholiques et pour cette raison les enfants le trouvent intrigant.

4 Themes

It is interesting here to consider how the two religions co-exist in this enclosed space. Jean needs to pretend that he is not Jewish but cannot follow the Catholic rituals. There is a dilemma here for Jean but also for Père Jean. Despite knowing that he would be deported if he were to be found out, he nonetheless agreed to shelter these children. One may say that Père Jean protected the children out of religious duty, but we can see the gravity of his decision to do this under the German Occupation.

Key quotation

Pensez qu'il y a des gens plus malheureux que vous.
(Père Jean)

◀ Jean praying

Activités

1. Remplissez le texte avec les mots de l'encadré. Il y a trois mots en trop.
   1. La scène d'ouverture sur le quai de la gare annonce les thèmes de .... et de ....
   2. De nombreuses séquences comme celle au restaurant exposent le thème de ....
   3. Le monde dans lequel Julien grandit est un monde .... et parfois ....
   4. La perte de l'innocence est un thème très .... dans le film.
   5. Les personnages de François et Joseph illustrent les thèmes de ....
   6. Un thème dans ce film est celui de ....

fort	la transgression
la guerre	le catholicisme
protégé	l'enfance
l'antisémitisme	la police
cruel	la famille
la séparation	attendrissant

2. Choisissez la fin de phrase correcte pour résumer quelques idées du film.
   1. On ne peut pas s'empêcher de penser qu'…
      - A   un des thèmes principaux est la famille.
      - B   un des thèmes principaux est l'antisémitisme.
      - C   le thème de la guerre n'est pas exploité efficacement.
   2. En analysant les thèmes Il faut se rappeler que…
      - A   tout est réel.
      - B   l'histoire est basée sur un des faits réels.
      - C   l'histoire est une histoire fictive.
   3. Le thème de l'innocence perdue est exemplifié par…
      - A   la perte d'un parent.
      - B   la transgression.
      - C   le collège.
   4. Nul ne pourrait nier que le film traite…
      - A   de la Première Guerre mondiale.
      - B   de l'amitié entre deux adolescents.
      - C   de la violence.

3 Répondez aux questions ci-dessous sur les thèmes du film en vous servant des débuts de phrases qui vous sont données.
 1 En quoi est-ce que le collège est synonyme de cocon protecteur ?
  Dans le collège on ne peut pas s'empêcher de remarquer que ……….
 2 Comment est-ce que le thème de la culpabilité apparait dans le film ?
  Le thème de la culpabilité apparait avec ……….
 3 Comment peut-on expliquer la naïveté de Julien ?
  On peut expliquer la naïveté de Julien puisque ……….
 4 En quoi est-ce que ce film est un film sur l'enfance ?
  Nul ne pourrait nier que ce film est un film sur l'enfance puisque ……….

Thèmes

Thèmes

l'innocence perdue
- les grands
- la guerre
- le marché noir
- l'éveil de la sexualité
- la guerre

la guerre
- l'absurdité / la brutalité de la guerre
- la dureté de la vie quotidienne avec les pénuries et le rationnement
- la persécution
- l'Holocauste
- l'antisémitisme

la religion
- la compréhension
- les principes
- le respect
- l'ordre
- les valeurs catholiques/juives

l'enfance
- la frivolité
- les parents
- les relations avec les autres
- les jeux
- l'innocence perdue
- l'ignorance
- l'école
- l'apprentissage
- la jalousie
- la séparation

l'amitié
- la culpabilité
- la rivalité
- la jalousie
- la complicité
- les remords
- les souvenirs

Vocabulaire

accentuer to emphasise
l'amitié (f) friendship
l'apprentissage (m) learning
bizarre weird, strange
se cacher to hide
le cocon protecteur protective cocoon
se comporter to behave
la compréhension understanding
coupable guilty
la culpabilité guilt
curieux (-euse) curious
la curiosité curiosity
la découverte discovery
découvrir to find out
se défouler to let off steam
dénoncer to denounce, to give someone up
efficace effective
l'enfance (f) childhood
espiègle playful
être / se sentir coupable to be guilty
l'éveil (m) the awakening
flagrant(e) obvious
frivole frivolous
la frivolité frivolity
grandir to grow up
la guerre war
l'ignorance (f) ignorance
impitoyable ruthless
la jalousie jealousy
être jaloux (-ouse) de to be jealous of
le jeu game
la loi du plus fort law of the strongest
le marché noir the black market
méfiant(e) wary
se méfier to be careful about

le monde adulte adult world
se moquer de to mock
les moqueries (f) mockery
perdu(e) lost
la perte loss
perturber to disturb
protégé(e) protected
les remords (m) remorse
séparé(e) separated
se souvenir to remember
le souvenir memory
taquin(e) mischievous
taquiner to tease
souligner to emphasise

5 Characters

In this film we can distinguish several main characters and some secondary characters. It is important to note that each character represents a group of people from the Second World War. Julien, for instance, represents children during the war; Jean, Jewish children; François, the French people who joined the Resistance; Joseph, the collaborators; and Dr Müller, the Gestapo.

Les personnages principaux

Julien Quentin

Julien Quentin est un jeune garçon de douze ans et il est **le personnage principal** du film. Julien représente en fait Louis Malle puisque ce film est une œuvre semi-autobiographique. À travers Julien, Malle raconte ce qui s'est passé pour lui en janvier 1944.

Un garçon sensible

Julien est issu d'une famille assez **aisée** du nord de la France. Il a un frère ainé, François Quentin, qui est aussi dans le même collège. Le téléspectateur comprend assez vite que Julien souffre de **la séparation** de ses parents et surtout d'être **éloigné** de sa mère. Dès les premières scènes cette tristesse de l'éloignement est ressentie. Julien nous apparait alors comme un enfant très sensible et attaché à sa mère. Pendant son trajet de train on ressent sa tristesse de s'éloigner et l'appréhension de retourner au collège.

Un garçon très jeune

Julien est présenté comme étant très jeune, ce qui est suggéré par sa réaction quand il quitte sa mère sur le quai de la gare comparée à celle de son frère qui est très distant. On apprend aussi plus tard dans le film qu'il souffre d'**énurésie**, c'est-à-dire qu'il urine encore dans son lit la nuit.

Une double personnalité

Au collège Julien est une autre personne. Il dit à Bonnet lors de leur première rencontre faisant preuve de **froideur** et de **dureté** « Quand on me cherche, on me trouve. » Ce trait de caractère s'ajoute bien sûr au « Papa, je m'en fous. Vous, je vous déteste » qu'il lance à sa mère sur le quai de la gare. Il exprime ainsi son **amertume**. On constate alors un contraste de personnalité chez Julien.

Un enfant intelligent

On s'aperçoit aussi que Julien aime être **le premier de la classe** et il ne supportera pas que Bonnet fasse mieux que lui en classe. Cette jalousie sera visible lors de la leçon de piano quand Bonnet démontre ses prouesses de pianiste. Julien se passionne pour la lecture et cela est représenté à plusieurs reprises dans le film.

> **Build critical skills**
>
> 1 Quels groupes d'individus est-ce que les personnages suivants représentent ? L'infirmière ? Les parents de Julien ? Le vieux monsieur juif au restaurant ?

le personnage principal main character
aisé(e) well-off
la séparation separation, being apart
éloigné(e) apart

l'énurésie (f) bed wetting
la froideur coldness
la dureté harshness
l'amertume (f) bitterness
le premier de la classe top of the class

AU REVOIR LES ENFANTS

The portrayal of Julien is a retrospective of Louis Malle's childhood. The tragic events that happen in this film happened to Louis Malle and for a long time Malle was haunted by these memories.

Julien appears as a very young child at the start of the film and we feel moved by him when he leaves his mother at the station, but throughout the film we see Julien grow and mature through the experiences he goes through. His young age is also reinforced by the fact that he still wets his bed. Having been sheltered and protected from the outside world by his parents but also by being educated in a private boarding school, Julien will slowly discover the reality of war and its tragic consequences. He is not really aware of what is going on in the outside world and does not really question his friend's origins. Julien does not even know what the word 'Jewish' means. His friendship with Bonnet is completely normal for him.

Jean Bonnet

Dans la vraie vie Jean Bonnet s'appelait Hans-Helmut Michel. Hans-Helmut était l'ami de Louis Malle qu'il avait rencontré à l'école. Hans-Helmut avait été accueilli par Père Jacques (Père Jean dans le film) pour échapper aux Allemands. Malheureusement le 15 janvier 1944 Hans-Helmut a été arrêté par la Gestapo et déporté au camp de concentration d'Auschwitz. C'est ainsi que nous pouvons dire que Bonnet représente ces enfants juifs qui ont été persécutés pendant la Seconde Guerre mondiale.

Un enfant réservé

Dès les premiers instants quand le téléspectateur découvre Bonnet on s'aperçoit qu'il est un enfant assez réservé et très **doué**. Par exemple, il n'hésite pas à se porter volontaire pour résoudre un exercice de maths et il démontre ses talents de pianiste aussi.

L'exclu

Bonnet est introduit par Père Jean comme « le nouveau » et dès lors les enfants **se moquent de** lui. Les enfants par exemple **rient** de son nom en disant « Bonnet d'âne… » ou le **chahutent**. Les autres enfants ont un **comportement** agressif envers Bonnet. Alors qu'il va au tableau un autre élève essaie de le faire **trébucher**. Les autres enfants le trouvent bizarre et l'excluent du groupe.

Un enfant mystérieux

Bonnet entretient un aspect mystérieux sur sa personnalité et on le voit séparé du groupe à plusieurs reprises, soit intentionnellement ou pas. Il se crée une autre identité en disant qu'il est protestant, que son père est prisonnier… Peu de personnes savent d'où il vient et pourquoi il est là.

doué(e) gifted
se moquer de to make fun of
rire to laugh
chahuter to bully
le comportement behaviour
trébucher to trip over

5 Characters

▲ Jean

Bonnet separates himself for several reasons. First of all, he does not have the same religion as the other children; he cannot join in the Catholic rituals and has to hide to practise his own. Secondly, the fact that he is in this school because he is a Jew increases his discreet behaviour. He withdraws himself as he does not want to be found out. Finally, because he is so withdrawn the other children act differently towards him. Bonnet is aware that he needs to hide his origins and needs to be careful, but the other children do not understand him and find him odd.

His identity is presented like a puzzle throughout the film; we discover different aspects of his life at different points (clues such as his prayer ritual, his not eating pork and his not receiving communion) with a culmination point when Julien finds out that his name is Kippelstein.

Jean et Julien

The friendship between Julien and Jean grows progressively throughout the film. In their first encounter Julien shows his superiority and threatens Jean, but as the story unfolds there are key scenes highlighting the growth of their close bond: for instance, when Julien feels he can trust Jean to tell him about his bedwetting or when Julien reads to Jean, and undoubtedly the scene in the forest.

Key quotation

C'est quoi un youpin ?
(Julien)

— *T'as peur ?*

— *Tout le temps.*
(Jean en réponse à Julien)

> **TASK**
> 1 Recherchez l'affiche du film qui représente les deux enfants et identifiez les aspects qui soulignent leur amitié.

AU REVOIR LES ENFANTS

infirme disabled
exclu(e) excluded, separated
le vol theft
le souffre-douleur punchbag

> **TASK**
> 2 Lisez les quelques lignes de Joseph de la scène de la trahison.
> *Joseph : T'en fais pas. C'est que des juifs… Bonnet, tu l'aimais bien ?*
> *Joseph : Fais pas le curé. Tout ça, c'est de votre faute. Si j'avais pas fait d'affaires avec vous, il m'aurait jamais foutu à la porte. La Perrin, elle volait plus que moi.*
> *Joseph : Fais pas le curé, j'te dis. C'est la guerre, mon vieux.*
> Relevez les raisons que Joseph donne à Julien pour justifier sa trahison et expliquez ce que ces propos soulignent à propos de ce personnage.

Joseph

Un garçon différent
Joseph travaille dans la cuisine du collège et dès les premières apparitions le téléspectateur s'aperçoit qu'il est différent des autres. Il est différent par sa condition sociale mais aussi par sa condition physique. En effet, bien qu'il ait à peu près le même âge que certains élèves du collège, lui, il doit travailler tandis que ces enfants bénéficient d'une éducation privée. Physiquement, on voit très bien qu'il a un handicap et qu'il est **infirme**.

L'exclu
Il est aussi évident que Joseph est **exclu** du reste : il est bien sûr exclu par les enfants mais aussi par sa petite amie et Mme Perrin qui l'accusera devant les autres enfants d'avoir commis **un vol**. Il est **le souffre-douleur** et il est maltraité par les autres enfants.

Le contrebandier
De plus, le téléspectateur découvre petit à petit les activités clandestines auxquelles Joseph se livre. On le voit en effet à plusieurs reprises vendre des produits au marché noir, comme la confiture et les cigarettes. Cette activité crée des tensions entre Joseph et les autres enfants puisqu'elle entraine des problèmes d'argent.

Le collaborateur
Finalement on comprendra que c'est Joseph qui a donné des informations à la Gestapo sur la présence d'enfants juifs dans le pensionnat et on voit donc en Joseph la représentation des collaborateurs de guerre.

Joseph can be seen as a scapegoat throughout the film and he himself feels that way. When he is sacked for dealing in the black market, his reaction says it all: 'C'est pas juste, il n'y a que moi qui trinque'. There is a sense of injustice in what he is saying. Why him and not the others too?

This is obviously the incident that led him to be a traitor, to collaborate with the Gestapo. This could be perceived as an act of revenge. It is clear Joseph does not really comprehend the consequences of his acts. When Joseph says to Julien 'tu es content tu vas avoir des vacances' or 'c'est que des juifs', we realise that he is not seeing the severity of what he has been involved in.

Joseph et Julien
We could also say that Joseph plays a significant role in Julien's loss of innocence. Joseph is somehow stripping Julien of his childish naivety by involving him in food trafficking and by making him aware of the atrocity of the war.

Key quotation
C'est pas juste, il n'y a que moi qui trinque…
(Joseph)

5 Characters

Père Jean

Père Jean est aussi un personnage réel et il s'appelait Père Jacques. Père Jacques, tout comme Père Jean dans le film, a été déporté pour avoir aidé à cacher des enfants juifs dans son collège.

Le résistant

On voit dans Père Jean la représentation des gens qui pendant la guerre n'ont pas adhéré aux idées nazies et à la persécution des juifs. Père Jean sait qu'il risque sa vie mais il ne veut pas **se soumettre** aux idées hitlériennes. Le fait qu'il **cache** des enfants juifs dans son pensionnat montre son courage puisqu'il **est au courant** des risques qu'il prend.

Un homme de conviction

Père Jean est un homme de conviction. On le voit en effet **sanctionner** Joseph pour ne pas avoir respecté les valeurs religieuses et il refuse aussi de donner **l'hostie** à Jean. Dans son sermon aux parents il dénonce entre autres l'arrogance, l'indifférence et l'égoïsme des riches.

Un homme protecteur

Bien que Père Jean soit strict il est aussi très **attentionné**. Les enfants l'aiment beaucoup et cette relation mutuelle sera vraiment ressentie à la fin du film quand les enfants lancent « Au revoir, mon Père » et qu'il répond « Au revoir les enfants, à bientôt». « Au revoir, les enfants » n'est pas un au revoir, c'est un adieu à ces enfants dont il s'est occupé. « Au revoir les enfants, à bientôt » renforce cette **tendresse** et cet attachement. Père Jean est conscient des évènements à venir mais veut protéger les enfants de cette atroce réalité. Dire « au revoir » au lieu d' « adieu » montre son souci de les protéger.

Key quotation

Pensez qu'il y a des gens plus malheureux que vous.
(Père Jean)

se soumettre to submit
cacher to hide
être au courant to know
sanctionner to punish
l'hostie (f) communion wafer
attentionné(e) caring
la tendresse affection

Père Jean is undoubtedly a representation of the active Resistance by not submitting to the German orders. Despite knowing that he would be deported if he were to be found out, he nonetheless agreed to shelter these children. One may say that Père Jean protected the children out of religious duty but in wartime we can see the gravity of his decision. Père Jean is also seen as a representation of 'les Justes'. It is estimated that about 3,500 French people were identified as 'les Justes' for their selfless acts of protecting Jewish people during the war. 'Les Justes' was a title created by Israel and it is estimated that approximately 24,355 'Justes' from 46 countries have been awarded this distinction.

Build critical skills

2 Regardez la scène du sermon et analysez ce que dit Père Jean. En quoi ce qu'il dit fait-il référence à sa personnalité ?

GRADE BOOSTER

Remember that your analysis should focus on the film itself, not what happened in real life. However, knowing that the film is based on a true story gives you insight into the director's methods.

AU REVOIR LES ENFANTS

Madame Quentin

Dès les premières scènes Malle fait le portrait de Madame Quentin.

Une femme aisée
Sur le quai de gare on la voit vêtue de vêtements très élégants, ce qui suggère la classe sociale de la famille Quentin. En temps de guerre et de restriction cette femme est très **bien habillée**, coiffée et maquillée. Il ne semble pas que la guerre ait touché cette famille.

L'amour maternel
Elle apparait aussi très attentionnée et une femme très **maternelle**. Sur le quai de la gare elle est très **attendrissante** envers Julien et essaie de le rassurer. Ses gestes envers lui sont très tendres et protecteurs. Elle est très triste de voir partir son jeune enfant. Au restaurant on la voit très protectrice et **soucieuse** pour ses enfants.

Une famille pétainiste
On se rend compte aussi dans la scène du restaurant que Mme Quentin, mais aussi M. Quentin, étaient auparavant en faveur du régime de Pétain. Quand Julien lui demande, elle répond qu'ils ne le sont plus. Il y a aussi l'allusion que Mme Quentin dénie de suite toute éventuelle filiation juive en disant que la tante Reinach n'est pas juive mais alsacienne.

bien habillé(e) well dressed
maternel(le) maternal
attendrissant(e) affectionate
soucieux (-euse) caring

Even though Julien's mother appears in only a few scenes, her role is still very significant. Madame Quentin represents two groups of people. Firstly, she represents 'la France attentiste', those who, at the start of the war, were in support of Pétain and believed in his past glory. Les 'Français attentistes' believed that Pétain would be able to save the country. Yet as the country became increasingly occupied by the Germans, these 'Français attentistes' started to doubt Marshall Pétain.

She also represents a social class – the rich with their particular ideas associated with their social condition. In the restaurant scene this aspect is certainly visible.

Key quotation

Personne n'est plus pétainiste.
(Mme Quentin)

5 Characters

Le frère de Julien, François Quentin

Un garçon mûr
François Quentin apparait pendant les premières scènes sur le quai de la gare mais nous apparait comme un contraste par rapport à Julien. Il est plus âgé, plus sûr de lui, fume et ne semble pas porter beaucoup d'attention à sa mère.

L'initiateur
À travers le film on découvre que François va subtilement faire grandir son frère en le confrontant aux réalités de la vie comme la sexualité et bien entendu la guerre. On entend François faire allusion au sexe quand il offre un magazine à Julien et c'est lui qui explique à Julien ce que le mot « juif » signifie.

Le résistant
Cependant, l'image la plus forte de François est celle de résistant. Il est contre la guerre et ne cache pas ses convictions. Au restaurant il utilise le mot « verdure » pour parler des Allemands et il traite le milicien français de « collabo ».

> **Key quotation**
>
> *Un juif, c'est quelqu'un qui ne mange pas de cochon.*
>
> (François)

We can clearly see two symbolic roles in this character. First of all François seems to be highlighting his brother's personality. François is mature and politically aware, while Julien is still very sensitive and naive about the outside world. The first scene at the train station really highlights the differences. François appears very tall, mature and very independent, while we see Julien sobbing and quite small. They seem to have a completely different relationship with their mother.

François represents the passive resistant during the war. Many people rejected the Nazi ideas and refused to follow the German orders. They defied the authority by their convictions or by small acts. Passive resistants refused to collaborate and would show their attachment to French patriotic values by wearing red, blue and white garments for instance.

> **TASK**
>
> **3** Trouvez une scène où François est présent et notez des exemples concrets qui illustrent les traits de ce personnage. Remarquez-vous d'autres aspects ?

Les personnages secondaires

Dr Müller et la Gestapo

Docteur Müller n'apparait qu'à la fin du film lors de l'arrestation de Jean mais son personnage est très symbolique. Müller représente la Gestapo et la terreur qu'elle exerçait sur la population. Dr Müller est très **autoritaire**, stoïque et très froid. La Gestapo était responsable de traquer, arrêter et déporter les juifs et c'est exactement ce que Dr Müller fait dans ce film. Son comportement démontre la **froideur** et la brutalité de la traque des juifs. Cette peur que la Gestapo imposait est ressentie ici par la tension qui est créée dans la scène de l'arrestation.

autoritaire
authoritarian
la froideur
coldness

AU REVOIR LES ENFANTS

▲ Dr Müller confronts Jean

Müller's authority is portrayed through different aspects in the scene; his clothes are dark and his face is strict. His Hitlerian salute imposes his authority and his threat amongst the children. The way he walks through the classroom indicates that he has taken control.

The Gestapo was in charge of tracking down Jewish people (and anyone else considered as enemies), arresting them and deporting them, and this is exactly what Müller does here.

Le vieux monsieur juif et le peuple juif

Ce vieil homme apparait dans la scène du restaurant et son personnage est lui aussi porteur d'importants messages. Ce vieux monsieur symbolise ces juifs français qui étaient traqués par la Gestapo en France. À partir de 1940 les juifs devaient avoir le mot « juif » inscrit sur leur **papier d'identité**. Ceci explique la raison pour laquelle le soldat change soudain de ton quand il regarde les papiers de M. Meyer. Il lui dit « Dis donc toi, tu sais pas lire, ce restaurant est interdit aux **youtres**. » Le mot « youtre » est un terme très péjoratif pour désigner les juifs.
Il est aussi intéressant de noter que M. Meyer porte une médaille de la Légion d'Honneur, une décoration militaire de la plus haute importance qui récompense les militaires et les civils pour leurs services pour la nation.

papier d'identité ID
youtre pejorative term meaning 'Jew'

Key quotation

Dis donc toi, tu sais pas lire, ce restaurant est interdit aux youtres.

Activités

1. Ecrivez trois adjectifs pour décrire les personnages suivants.

    Julien — Jean — Père Jean — Joseph

2. Pour chaque personnage — Julien, Mme Quentin, Jean — écrivez une phrase présentant deux côtés différents de leur personnalité.

    Exemple de phrases :

    *D'un côté on pourrait dire que **Julien** est .... ; cependant de l'autre côté on peut aussi le considérer comme ....*

    Bien que, d'un côté .... soit .... , de l'autre côté il apparait également ....

3. Écrivez un adjectif pour chaque personnage dans les scènes suivantes. Servez-vous du vocabulaire des pages 58-59.

    1. Dans la scène sur le quai de la gare Julien nous apparaît ....
    2. Dans la scène avec Julien dans le jardin derrière les cuisines, on se rend compte que Joseph est ....
    3. Dans la scène du restaurant on s'aperçoit bien que François est ....
    4. Dans la scène finale on se rend compte que le Père Jean est très .... aux enfants.
    5. Quand Julien demande à son frère ce qu'est un juif, cela souligne son caractère ....
    6. Dans la scène de la leçon de piano on se compte que Jean est un enfant très ....

4. Répondez aux questions et expliquez pourquoi. Vous pouvez utiliser des exemples concrets du film.

    1. Qui est Julien dans la vraie vie ?
    2. De quel milieu social est-ce que Julien est issu ?
    3. Comment peut-on décrire sa relation avec sa mère ?
    4. Que peut-on dire sur Jean Bonnet ?
    5. Pourquoi est-il au collège ?
    6. Comment est-ce que les autres enfants considèrent Jean ?
    7. Qui est Père Jean ?
    8. Qu'a-t-il accepté de faire ?
    9. Pourquoi est-ce qu'il prend des risques en faisant cela ?
    10. Quelle est l'attitude de François envers la guerre ?
    11. Comment peut-on décrire Joseph ?
    12. Que fait-il au collège ?
    13. Pourquoi est-il exclu du collège ?
    14. Quelle est l'attitude de Julien face à la guerre ?
    15. Qui est M. Meyer ? Dans quel scène le voit-on ?

> **GRADE BOOSTER**
>
> Make sure that you use varied and rich language in your answers. Adjectives are a good way to embellish your French.

AU REVOIR LES ENFANTS

GRADE BOOSTER

Don't forget to use concrete examples to support your argument. Do not use examples on their own.

5 Répondez aux questions suivantes en français.
1 Donnez deux éléments qui nous montrent que Jean est juif et qu'il représente les enfants juifs.
2 En quoi est-ce que les deux frères, Julien et François, s'opposent-ils ? Donnez des exemples concrets tirés du film.
3 Pourquoi est-ce que Joseph peut être qualifié d'« exclu » ? Donnez deux raisons et justifiez votre réponse en faisant référence à certaines scènes.
4 Décrivez en quoi les actions des personnages nous présentent la vie quotidienne pendant la guerre. Donnez trois exemples concrets.
5 En quoi les personnages de Joseph et François s'opposent-ils et se ressemblent-ils ? Donnez des exemples concrets.

Les personnages

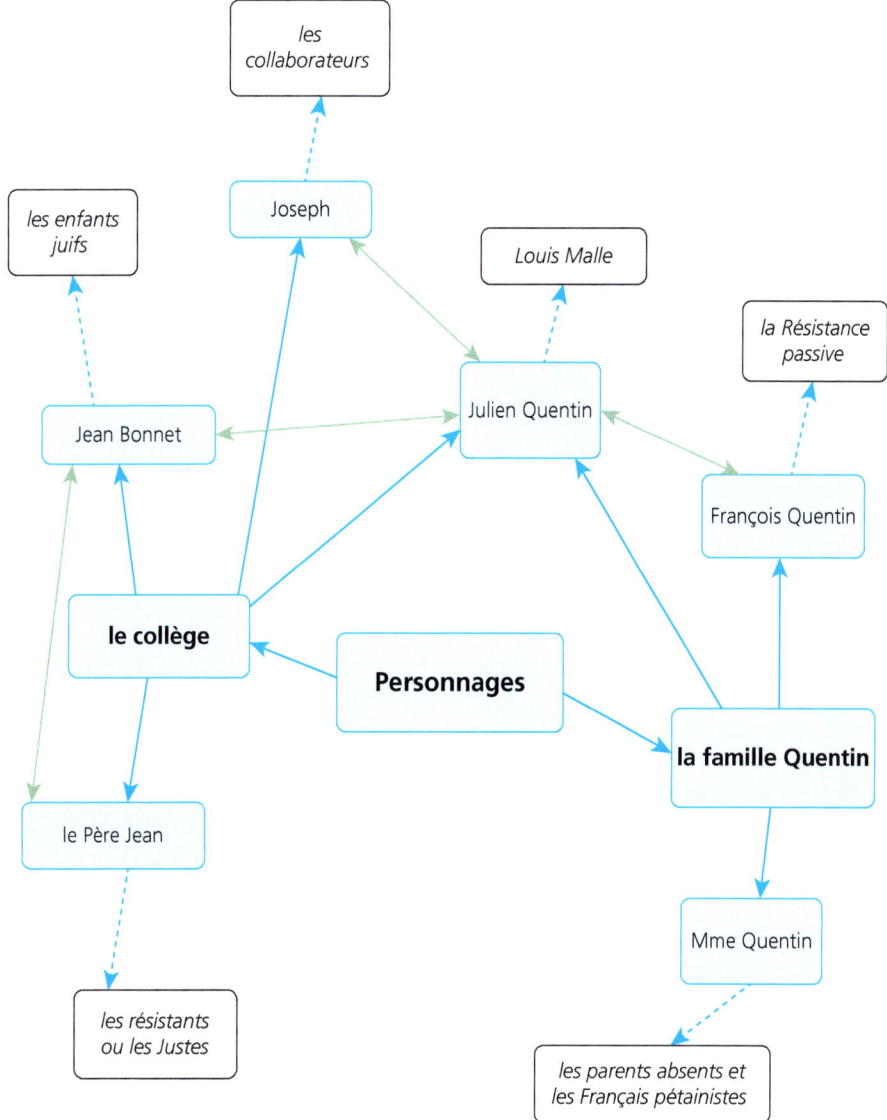

Vocabulaire

abriter/accueillir to shelter
aisé(e) well-off
l'attachement (m) affection, fondness
attendrissant touching, moving
atroce atrocious
l'atrocité (f) atrocity
attentionné(e) caring
le bouc-émissaire scapegoat
(se) cacher to hide
clandestin(e) illegal
coupé(e) cut off
cultivé(e) well-read/cultivated
doué(e) gifted
être [mis(e)] à l'écart to be apart, isolated
éloigné(e) apart
l'éloignement (m) separation
embrasser to kiss
exclu(e) excluded
la gravité severity
hanté(e) haunted
les idées hitlériennes (f) Hitlerite ideas
l'incarnation (f) incarnation
incarner to incarnate
issu(e) de from
jeune young
se livrer à to get involved in
maintenu(e) maintained
le marché noir black market
les mémoires (f) memories
mûr (mure) mature
naïf (naïve) naive
la naïveté naivity

le personnage principal main character
pleurer to sob
le premier de la classe top of the class
protégé(e) sheltered
la prouesse achievement
représenter to represent
réservé(e) reserved, shy
sensible sensitive
le souci worry
se soucier de to worry about
soucieux (-euse) worried, concerned, caring
sûr de lui / sure d'elle confident
tendre affectionate
la tendresse affection
le traitre traitor
la tristesse sadness
le vol theft
le voleur thief

6 Director's methods

This chapter discusses the methods used by the director, Louis Malle. As it is a more technical chapter, it is written in English. Important terms are marked in bold in the English text, and the French equivalents are provided as key vocabulary in the margins. You will need to know the French for these technical terms to use in your exam.

Des techniques simples

un retour en arrière
a flashback

des effets spéciaux (*m*)
special effects

Technically this film is very simple — it is simple in its narrative, in its structure and in its techniques. There are no **flashbacks** or **special effects**. Yet the techniques that Louis Malle used are powerful to set the scene of the time, to express the characters' feelings and to symbolise important aspects of the war.

Intérieur et extérieur

Des endroits fermés et à l'intérieur

tourner to shoot (a film)

It is worth noting that many scenes in the film are **shot** inside the school. Whether within the school grounds, the classroom, the canteen or the dormitory, we feel that the story is mainly unfolding between the walls of the boarding school.

Malle shot most of the scenes in the school to reinforce that the children, but especially Julien, are sheltered and protected from the outside world. Julien is indeed very unaware of the atrocity of the war.

▲ Louis Malle during filming

6 Director's methods

When the children are outside the school we can see that it is only then that they are confronted with the reality of the war. For instance, Julien sees German soldiers at the station or in the street when the children sing a song on the way to school. In the forest Julien and Jean are picked up by the Gestapo, and in the restaurant Julien encounters the Milice and the old Jewish man. The threat is outside.

There are of course scenes when the outside world comes into the school. However, it is important to notice that Julien doesn't comprehend these situations. For instance, when the three boys are brought into the school, Julien does not know why there are there. We will also hear Julien ask questions about aspects he does not understand within the school grounds. He will, for instance, ask his brother what Jews are or ask Joseph what refractors are. When the German soldier enters his classroom, we can feel that Julien is somehow baffled by this sudden appearance. The **final scene** with the arrest and the deportation of the three children and Père Jean also highlights the fact that even though the outside world has come into the school grounds, Julien does not really know the true reality and the consequences of this episode.

la scène finale
final scene

Up until now Julien has been protected at home and inside this Catholic school, but gradually the violence and the brutality of the war penetrate his life.

Des endroits sombres

A number of scenes are shot in darkness or with **low lighting.** For instance, the opening scene at the station sets the tone of the film with a very dark scene and a lack of colours.

l'éclairage faible (m)
low lighting

This choice of lighting is not insignificant. Malle wants to give the feeling of what life was like during the war with curfews and power cuts. For instance, we see many scenes when the children are in the dark in the dormitory or when they have to go and protect themselves in the underground shelters.

L'éclairage

Des tons sombres

Malle is eager to convey people's moods. By shooting scenes in dark places, we feel the people's low morale and sadness due to the atrocity of the war. It feels like the whole population is affected by this gloomy feeling. The clothes are dark, the buildings are dark — there is no joy.

The **faded colours** remind us that the film is based on Malle's memories. Some scenes look like old photos that have faded over time. When we take into account that this is Louis Malle's story, this aspect is more powerful. Malle is looking back at his childhood.

In one interview Malle said that he wanted to make a film in colours but with no colours.

> **TASK**
> **1** Regardez la scène dans la forêt et examinez les couleurs qui sont utilisées. Sont-elles les mêmes que dans les autres scènes ? Quel en est l'effet ?

des couleurs passées
(f) faded colours

AU REVOIR LES ENFANTS

Les jeux de caméra
La focalisation sur le regard des acteurs

Malle once said that his films are generally based on one character watching others and that his characters' eyes are incredibly **powerful** to convey emotions and messages. This is very true in *Au revoir les enfants*. We see so many scenes where the characters' looks are very significant and powerful. The viewer can feel, for instance, fear, jealousy, admiration through the character's eyes. The camera **focuses** on the faces to convey particular messages.

We can, for example, consider the way Mademoiselle Davenne looks at Jean when he plays the piano. Her admiration and astonishment can clearly be felt. In the **shot** that follows, we understand Julien's feeling when he looks through the window — he is very jealous of his friend.

During the scene where Jean is arrested in the classroom, Julien suddenly turns around to look at his friend. This look will have dramatic consequences. Julien didn't want to give his friend away, but by looking at him he wanted to express his fear for him. Then, when Dr Müller walks towards Jean and stares at him, we see Jean close his eyes as in surrender and Dr Müller assert his authority by just looking at the boy.

The final part of the scene, which focuses on Julien's face, conveys that feeling of sadness and terror but also incomprehension. Jean stares at his friend and says nothing, but the viewer can see in his eyes that he is terrified by what is happening. The final **zoom** on Julien's eyes is also powerful.

As demonstrated so well in this film, words are not always needed; eyes are powerful and convey a great deal of significance.

> **Build critical skills**
>
> 1 Comment pouvez-vous interpréter le rouge vif utilisé pour le rouge à lèvres de la mère de Julien dans la première scène?

puissant(e) powerful
se concentrer sur to focus
la séquence shot
le zoom zoom

> **TASK**
>
> 2 Trouvez d'autres scènes dans lesquelles le regard des personnages est puissant. Identifiez les messages.

▲ Close-up of Julien

Les gros plans

Close-ups and zooms are also very powerful to draw the viewers into the story and into the characters' world.

Malle invites the viewer into this world to make the story more real, but also so the viewer can experience and feel this traumatic journey. Malle wants the viewer to rejoice with the characters, to feel oppressed with the characters and to feel scared with them and for them.

We often see scenes where long takes are interrupted by zooms and close-ups onto a character. For example, when the two children are brought back by the German soldier after the treasure hunt, after a long shot, the camera draws in on the two boys' faces, highlighting their fear but also their complicity.

In the final scene the camera slowly zooms onto Julien's face and we feel like time has stopped. Julien is practically immobile and he is silent. The **voiceover** by Louis Malle adds a dramatic effect to this scene.

le gros plan close-up

la voix-off voiceover

Des séquences longues

On several occasions the director uses **long takes** when shooting important scenes to convey the reality of the scene. The scenes are not **edited** — they run in front of us as if we were with the characters. In the opening scene on the train back to the school we see the landscape through the train window as Julien is seeing it. We see the countryside whizzing by in front of us. In the forest during the treasure hunt we are running with the characters.

les séquences longues long takes

coupé(e), édité(e) edited

> **GRADE BOOSTER**
>
> Always use technical terms when you refer to the techniques and remember to identify the effects on the viewers and on the plot. When developing your arguments, consider whether the techniques are effective or not.

Build critical skills

2 Regardez la scène de la projection du film et identifiez les différentes techniques utilisées. Quels sont les effets sur le téléspectateur?

La bande sonore

La langue allemande

Malle uses the German language a great deal in his film. We need to remember that France was occupied by the Nazis at the time, and by using the German language, Malle recreates the atmosphere of life in occupied France. The Germans had control over France and imposed their systems. For instance, in the first scene we hear the announcement in the station in German and we hear German soldiers speak German too.

It is, however, interesting to notice that when German is heard it is not translated. Could this be a deliberate choice to put most viewers in the same situation as the population of the time? The vast majority of the population would not have been able to speak German, but they saw their country invaded by people who didn't speak the same language. We can therefore feel a sense of incomprehension and loss.

Les silences

In *Au revoir les enfants* silence is as powerful as actions. In many scenes we feel what the characters are feeling. Whether it is fear, admiration, tension or sadness, the moments of silence add to the overall tragedy of the film. In the last scene, for instance, when the Jewish children and Père Jean are being marched out, the pupils are silent. We hear only the sound of the church bells and the footsteps. Those steps resonate dramatically in the courtyard and we cannot help but feel the sadness and the fear they are all feeling. After 20 seconds of silence, one pupil breaks the atmosphere with 'Au revoir, mon Père', which is echoed by the other children. The silence of the German soldiers also adds to the atrocity and brutality of this scene.

Activités

1 Reliez les termes de techniques cinématographiques aux définitions :

1 les gros plans
2 les séquences longues
3 la bande sonore
4 l'éclairage
5 les regards

a l'insistance sur les yeux
b C'est la façon dont la lumière est utilisée.
c Ce sont des scènes qui durent longtemps et qui ne sont pas coupées.
d C'est quand la caméra se concentre de très près sur un détail.
e Ce sont les différents sons utilisés dans le film.

2 Maintenant utilisez les termes techniques de l'activité 1 pour remplir les phrases ci-dessous.

1 ………. est porteur de messages dans ce film. Non seulement il dresse la période de ce film mais il nous fait ressentir la mélancolie des personnages.
2 ………. sont très puissants dans ce film puisqu'ils nous invitent à comprendre et vivre les émotions des personnages.
3 ………. sont utilisées **à bon escient** pour nous faire vivre les instants de la vie des enfants.
4 Malle a recours aux ………. pour transmettre des émotions sans avoir à utiliser des mots.
5 Dans ce film ………. est très simple mais très efficace.

à bon escient wisely, effectively

3 Quelles techniques sont utilisées dans les scènes suivantes ? Écrivez les techniques en français.

1 la scène du piano
2 la scène dans la forêt
3 la scène sur le quai de la gare
4 la scène du restaurant
5 la scène dans l'abri souterrain
6 la scène dans la voiture du soldat allemand

4 Regardez l'exemple ci-dessous et écrivez des phrases similaires. Il faut utiliser la structure *en* + participe présent.

Exemple :

utiliser un gros plan — des détails importants

En utilisant un gros plan, **Malle montre** des détails importants.

1 utiliser des séquences longues — la réalité des instants
2 avoir recours à la grisaille — la mélancolie et l'ambiance de guerre
3 choisir la langue allemande — l'Occupation allemande et l'incompréhension de la population
4 inclure des références historiques — la réalité du film
5 insister sur les regards — les émotions des personnages
6 tourner le film principalement dans l'école — l'importance de la protection de Julien

5 Répondez aux questions suivantes en français. Utilisez les débuts de phrases qui sont donnés.

1 Pourquoi est-ce que Louis Malle a utilisé des couleurs sombres ?

Louis Malle a utilisé des couleurs sombres pour…

2 Pourquoi est-ce que les séquences longues sont efficaces ?

Les séquences longues sont efficaces puisqu'elles renforcent l'idée de… / En employant des séquences longues, Louis Malle dépeint…

3 En quoi les silences sont-ils très évocateurs ?

Les silences évoquent… / En recourant à de nombreux silences Louis Malle…

4 Quelle technique est-ce que Malle utilise pour montrer que Julien vit dans un monde protégé ?

Pour montrer que Julien vit dans un monde protégé, Louis Malle a recours à… / En ayant recours à… Louis Malle montre que Julien vit dans un monde protégé.

5 Comment est-ce que Louis Malle symbolise la pénétration de la menace extérieure dans le monde protégé de Julien ?

Pour symboliser la pénétration de la menace extérieure, Louis Malle utilise…..

Techniques

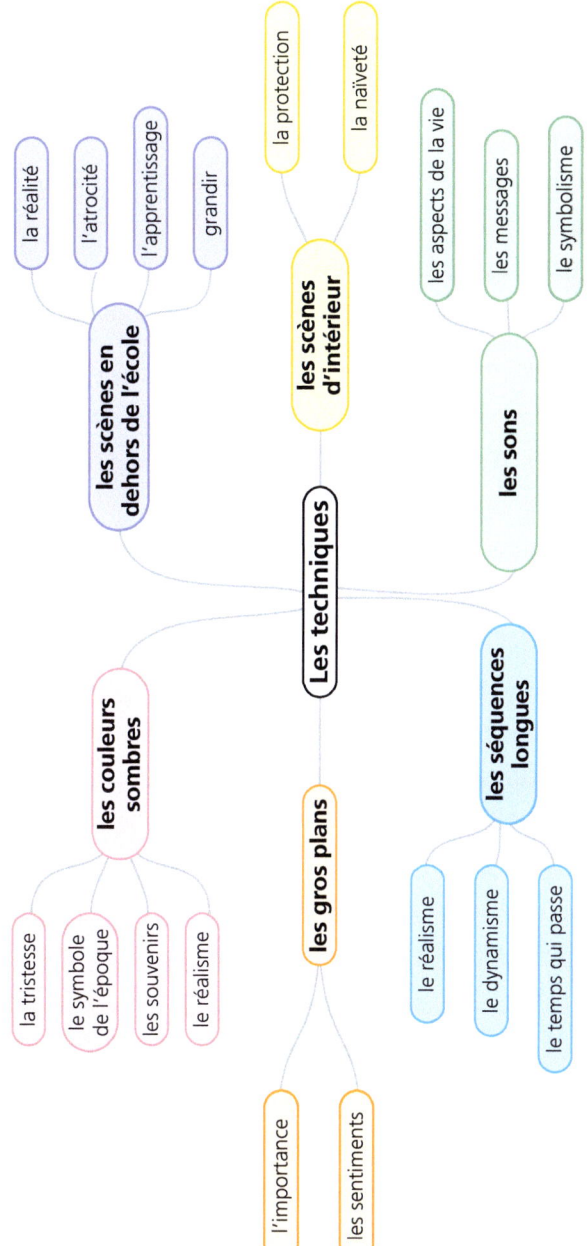

Vocabulaire

à bon escient wisely, well, with good effect
l'absence de (f) lack of
avoir l'air to look like
avoir recours à to use
le cadrage framing
choisir to choose
le choix de choice of/to
se concentrer sur to focus on
les couleurs passées faded colours
le décor set
dehors outside
l'éclairage (m) lighting
employer to use
les endroits (m) places
enfermé(e) enclosed
à l'extérieur outside
filmer to shoot
la gravité seriousness
la grisaille gloominess
le gros plan close-up
à l'intérieur inside/indoors
le lieu de tournage location
les lieux (m) places
mal éclairé(e) poorly lit
le manque de lack of
la mélancolie melancholy
le montage editing
le mouvement de caméra camera movement
le mouvement panoramique panning
le mur wall
l'obscurité (f) obscurity
le plan shot
le plan d'ensemble long shot
puissant(e) powerful
le réalisateur director

le regard eyes; look
résonner to resonate
ressentir to feel (feelings)
sans importance insignificant
la scène finale final scene
le sentiment feeling
les séquences (f) shots
symboliser to symbolise
tourner un film to shoot a film
le travelling camera tracking
utiliser to use
valoir la peine to be worth
la voix off voiceover
le zoom zoom

7 Exam advice

Planifier votre dissertation

Planning is an important part of your examination time. As a rough guide you should spend about 10 minutes planning your essay, 50 minutes writing it and 5 minutes checking it.

A well-planned essay makes points clearly and logically so that the examiner can follow your argument. It is important to take time to devise a plan before you start writing. This avoids a rambling account or retelling the story of the work you are writing about. The following points may help you to plan your essay well:

- Read the essay question carefully. Make sure you have understood what you are being asked to do rather than focusing on the general topic.
- From the outset it is sensible to plan your essay in the target language. This will prevent you writing ideas that you are not able to express in the target language.
- Focus on the key words. For example, you may be asked to analyse, evaluate, explore, explain. Look for important key words such as *examinez, analyser, jusqu'à quel point…*
- Select the main point you want to make in your essay and then break this down into sub-sections. Choose relevant information only. Avoid writing an all-inclusive account which occasionally touches on the essay title.
- Decide on the order of the main ideas which become separate paragraphs. Note down linking words or phrases you can use between paragraphs to make your essay flow as a coherent and logical argument.
- Select one or two relevant and concise quotations which you can use to illustrate some of the points you make.
- Think about the word count for the essay. The examination boards stipulate the following word counts:

	AS	A-level
AQA	Approximately 250 words	Approximately 300 words
Edexcel	275–300 words	300–350 words
WJEC	Approximately 300 words	Approximately 400 words
Eduqas	Approximately 250 words	Approximately 300 words

- Consider how many words to allocate to each section of your essay. Make sure that you give more words to main points rather than wasting valuable words on minor details.
- Finally, consider how to introduce and conclude your essay, ensuring that you have answered the question set.

A well-planned essay will have an overall broad structure as follows:
- **Introduction** You should identify the topic without rewriting the essay title. You should state your position on the issue.
- **Body of the essay** In several paragraphs you should give evidence to support a number of main points.
- **Conclusion** Here you should summarise your ideas and make a final evaluative judgement without introducing new ideas.

Écrire votre dissertation

Méthodes

Now you have to put flesh on the bones of the plan that you have drafted by writing a structured response to the essay question.
- Remember that you are writing for a person who is reading your essay: the content should interest your reader and you should communicate your meaning with clarity and coherence.
- It is important to be rigorous in sticking to your plan and not to get side-tracked into developing an argument or making a point that is not relevant to the specific essay question. Relevance is always a key criterion in the examination mark schemes for essays, so make sure that you keep your focus throughout on the exact terms of the question. Do not be tempted to write all that you know about the work; a 'scattergun approach' is unproductive and gives the impression that you do not understand the title and are hoping that some of your answer 'sticks'.
- It is important to think on your feet when writing an examination essay. If you produce a pre-learnt essay in an examination, in the hope that that will fit the title, you will earn little credit, since such essays tend not to match what is required by the title, and give the impression that you do not understand the question.
- If you are completing an AS examination, the question might, for example, require you to examine a character or explain the theme of the work. You will also have a list of bullet points to help you focus on the question. Make sure that you engage with these guidance points, but be aware that they do not in themselves give you a structure for the essay. At A-level you will normally have a statement requiring you to analyse or evaluate an aspect of the work.
- Since examination essays always have a suggested word limit, it is important to answer as concisely as you can. It should always be possible to write a meaningful essay within the allocated number of words.

La structure

1 L'introduction

The introduction gives you the opportunity to show your understanding of the work. It should be a single paragraph which responds concisely to the essay question. In a few sentences you should explain to your reader what you understand the question to mean, identify issues it raises and say how you are going to tackle them. Avoid statements in the target language that equate to 'I am now going to demonstrate…' or 'This essay is about…'.

2 Le développement

- This part will be divided into a number of interconnected paragraphs, each of which will pick up and develop the points raised in your introduction.
- Each paragraph should be introduced with a sentence stating what the paragraph is about.
- Make sure you follow a clear pathway through your paragraphs, leading to your conclusion. This requires skills of organisation, in order to ensure the smooth development of your argument. You should move from one facet of your argument to the next, linking them conceptually by, for example, contrast or comparison.
- Each paragraph will have an internal logic, whereby you examine a separate point, making your argument and supporting it with examples and quotations. For example, your essay title might lead you to examine the pros and cons of a statement, with the argument finely balanced. In this case you can dedicate one paragraph to discussing the pros in detail, another to the cons and a third to giving your decision on which view is the more persuasive and why.

3 La conclusion

Read through what you have written again and then write your conclusion. This should summarise your argument succinctly, referring back to the points you raised in your introduction. If you have planned your essay well, there should be no need to do anything other than show that you have achieved what you set out to do. Do not introduce new ideas or information.

La langue

- Linkage of the paragraphs is both conceptual, i.e. through the development of connected ideas in the body of the essay, and linguistic, i.e. through expressions which link paragraphs, sentences and clauses. These expressions are called connectives and they work in various ways, for example through:
    - contrast — *au contraire, d'un autre côté, cependant…*
    - explanation — *ceci explique, cela montre…*
    - cause/result — *pour cette raison, donc…*
    - additional information — *de plus, en outre, également, qui plus est…*
    - ordering points — *d'abord, en premier lieu, deuxièment, puis, ensuite, finalement…*
- When writing your essay, a degree of formality is necessary in your style. Be attentive to the register you use, especially the differences between written and spoken language. Avoid colloquial language and abbreviations unless you are quoting colloquial language from the work.

- It is important to learn key quotations from the work and to introduce them in order to support aspects of your argument. When quoting, however, be careful not to make the quotation a substitute for your argument. Quotations should illustrate your point aptly and not be over-long. Resist the temptation to include quotations that you have learned if they are not relevant to the essay question.
- In a foreign language examination, accurate language is always an assessment factor. Review your finished essay carefully for errors of grammar, punctuation and spelling. Check especially verb endings, tenses and moods, and adjectival agreements. You should employ a good range of vocabulary and include terminology related to film or literature (e.g. *les thèmes*, *les personnages*, *la trame*, *le dénouement*, *les scènes*, *la séquence…*).

For a list of useful connectives and film- and literature-related vocabulary, see pp. 76–78.

Petits exercices de composition

1 Objectif de l'exercice : utiliser les exemples pertinemment

Voici des détails du film. Quels aspects illustrent-ils ? Utilisez les expressions données pour former des phrases. Il va falloir adapter les structures, par exemple *de/du/des* ou ajouter *quand* ou *qui* (who) :

Le(s) meilleur(s) exemple(s) de / Un exemple de / Le(s) exemple(s) le(s) plus évident(s) de…est/sont sans aucun doute / bien sûr / pour moi / selon moi [quand]…

1 les détails tels que le rationnement, les biscuits vitaminés et les couvre-feux
2 Julien est jaloux de Jean puisque Jean est plus doué que lui
3 Joseph dénonce Père Jean
4 la scène dans laquelle Julien regarde Jean par la fenêtre pendant la leçon de piano ou encore la scène à l'église quand Père Jean regarde Jean pendant la communion
5 Julien est confronté brutalement à l'atrocité de la guerre
6 le traitement de M. Meyer au restaurant et l'arrestation à la fin du film

la persécution des juifs	la personnalité de Julien
l'importance des personnages secondaires	les techniques utilisées
la perte de l'innocence	la représentation de la vie quotidienne en temps de guerre

Exemple :

Les meilleurs exemples de la persécution des juifs **sont sans aucun doute pour moi** le traitement de M. Meyer au restaurant et l'arrestation à la fin du film.

2 Objectif de l'exercice : organiser ses idées

Reliez les bouts de phrase pour former des phrases complètes. Écrivez les phrases en entier.

1 Premièrement, nul ne peut nier qu'un des thèmes majeurs est…
2 En premier lieu, il faut noter qu'un des thèmes…
3 De plus, il faut prendre en compte l'importance…
4 En outre, une des techniques les plus efficaces…
5 Il ne faut pas oublier la représentation de…
6 Qui plus est, un autre trait de caractère du personnage de Julien…

a …est la focalisation sur les regards des acteurs.
b …des personnages secondaires comme Joseph.
c …celui de la perte d'innocence.
d …qu'il faut considérer est celui de la jalousie.
e …les plus importants est celui de la persécution des juifs.
f …la vie quotidienne en temps de guerre.

7 Exam advice

3 Objectif de l'exercice : former un argument efficace

Maintenant utilisez les phrases de l'activité 1 et de l'activité 2 et joignez-les avec un mot ou une locution qui convient.

en effet	comme le montre(nt)
effectivement	sans aucun doute
	à travers de

Exemple :

Premièrement, nul ne peut nier qu'un des thèmes majeurs est la perte de l'innocence. En effet, Julien est confronté brutalement à l'atrocité de la guerre.

4 Objectif de l'exercice : former un argument efficace

Voici un exemple de paragraphe. Changez les détails entre parenthèses en fonction des thèmes donnés pour créer de nouveaux paragraphes.

Un des thèmes les plus importants est [la Seconde Guerre mondiale]. En effet le film comprend de nombreuses scènes dans lesquelles on voit [des détails de la guerre], comme par exemple celle quand [les enfants doivent se protéger dans l'abri souterrain]. Grâce à ces scènes on comprend mieux [le quotidien de la guerre].

1 la persécution des juifs
2 l'amitié
3 l'innocence

5 Objectif de l'exercice : planifier avant d'écrire

Pour chaque idée ci-dessous trouvez deux exemples concrets du film et l'effet de la technique. Puis écrivez des petits paragraphes en vous servant du vocabulaire donné ou de celui des pages 76-78.

Question :

Examinez les techniques du film dans *Au revoir les enfants*.

Idée	Deux exemples du film	Effet des techniques?
Louis Malle utilise des couleurs sombres	*comme…* *lorsque/quand…* *dans la scène dans laquelle…*	*cette technique souligne/ donne/renforce/ intensifie…*
Louis Malle exploite les regards des acteurs	*comme…* *lorsque/quand…* *dans la scène dans laquelle…*	*cette technique souligne/ donne/renforce/ intensifie…*
Louis Malle utilise des séquences longues	*comme…* *lorsque/quand…* *dans la scène dans laquelle…*	*cette technique souligne/ donne/renforce/ intensifie…*

GRADE BOOSTER

It is important that you use evidence from the film to support your argument. Your examples should be part of your paragraph and be used with a point, and not just on their own.

GRADE BOOSTER

When you plan your work, start with simple ideas that you can then expand on. Make sure that you have a point supported by examples from the film and then ensure you develop each point.

Vocabulaire utile pour composer une dissertation

Introduction

Dans cette dissertation j'ai l'intention de... In this essay I intend to...
Le film parle de... The film is about...
Au début de l'histoire / du film... At the beginning of the story/film...
Le film se passe dans les années... / en... The film takes place in the years... / in...
L'action / Le film a lieu... / se déroule The action takes place...
En premier lieu... / Tout d'abord... To start with... First of all...

Mots utiles

l'acteur, l'actrice actor
l'action (f) action
la bande sonore sounds
la comédie comedy
le contexte (historique) (historical) background
le drame tragedy
l'éclairage (m) lighting
le film d'amour love film
le film historique historical film
le genre genre
le montage cut, editing
le mouvement de caméra camera movement
le plan shot
le réalisateur, la réalisatrice director
le rôle (principal) (main) role/part
le scénario screenplay
le scénariste screenplay writer
la scène scene (of film)
le (télé)spectateur, la (télé)spectatrice (television) viewer
le thème (principal) (main) theme
tourner un film to make a film
la tragicomédie tragi-comedy

Opinion

Je suis d'avis que... I am of the opinion that...
à mon avis in my opinion
selon moi / pour ma part in my opinion

Exemples

un autre exemple a further example
un exemple typique/important a typical / an important example
L'exemple le plus important est peut-être... The most interesting example is perhaps...
Cet exemple / Cette scène illustre / montre que... This example / This scene illustrates that / shows clearly that...

La comparaison

comparé à in comparison with
au contraire on the contrary
contraiment à... in contrast to
d'un côté...d'un autre côté on the one hand...on the other hand

L'interprétation

On pourrait interpréter cet aspect... This could be interpreted as...
prendre en compte to take into consideration
en faisant référence à with reference to
On peut aussi ajouter... One can also mention...
à bien des égards in many respects
surtout especially
plus précisément more exactly
de plus / en outre / qui plus est furthermore / in addition
par dessus tout above all
La raison pour cela est... The reason for that is...
Pour cette raison, on peut dire que... For this reason one can say that...

Conclusion

sans aucun doute without doubt

d'après moi / pour ma part as I see it

Je suis convaincu(e) que... I am convinced that...

Nul ne peut nier/douter que... It cannot be denied/doubted that...

dans l'ensemble on the whole

en général in general

au fond / en fait basically

Finalement, on pourrait dire que... Finally, it could be said that...

En guise de conclusion... / Pour conclure... In conclusion...

en résumé put briefly, in a few words

Il apparait donc que... It therefore appears that...

Pour résumer, on pourrait dire que... In summary one could say that...

à la fin du film at the end of the film

J'ai l'impression que... I have the impression that...

8 Sample essays

AS essays

Although a mark is awarded in the examination for use of language (AO3), all the example essays used here are grammatically accurate and the examiner comments focus on the students' ability to critically and analytically respond to the question (AO4).

Question 1

> Examinez le personnage de Père Jean dans *Au revoir les enfants*. Vous pouvez considérer les points suivants :
> - son rôle à l'école
> - l'accueil des enfants juifs
> - son attitude envers Joseph

Étudiant A

> Père Jean est le directeur de l'école et son personnage est avant tout un personnage de convictions. Malheureusement ses convictions religieuses ont des effets dramatiques dans la trame du film.
>
> À l'école Père Jean joue plusieurs rôles. Il est le proviseur de ce pensionnat mais aussi la figure religieuse qui inculque les principes chrétiens. À plusieurs reprises dans le film on voit cet enseignement religieux, par exemple avec la confession de Julien ou encore les prières à la cantine. Outre cela, il est intéressant de noter que Père Jean est aussi un homme très chaleureux, attaché aux collégiens. On voit de nombreux signes d'affection envers les garçons. Par exemple il embrasse Julien sur le front. Cependant ce qui montre vraiment pour moi son attachement c'est son attitude à la fin du film. Son « Au revoir les enfants, à bientôt » souligne qu'il veut protéger les enfants de l'atrocité de la guerre. Il ne veut pas leur dire qu'il ne va pas revenir.

> De plus, ses convictions religieuses le mènent à accueillir les trois enfants juifs. Père Jean pense que c'est son devoir de protéger ces garçons. Bien qu'il sache très bien que sa décision pourrait avoir de graves conséquences, il les accepte tout de même. Cela nous montre que ses convictions religieuses sont très fortes et cela est aussi renforcé par son sermon aux parents.
>
> Finalement, son attitude envers Joseph a des effets dramatiques. Considérant que le marché noir opéré par Joseph est contre ses principes, Père Jean décide de le renvoyer. Malheureusement, cette décision pousse Joseph à le dénoncer aux Allemands de la Gestapo. C'est un homme ferme qui apparait aussi ici.
>
> Pour conclure, on pourrait dire que ce sont ses convictions qui ont mené Père Jean à sa fin tragique. Au-delà de ces rôles il représente aussi la figure de la Résistance française, un homme qui n'a pas voulu se laisser guider par les Allemands, et c'est pour cela que je pense que son personnage est un personnage admirable.
>
> (311 mots)

Commentaires du correcteur

- Straight away we can see that this student has covered the bullet points equally and has thought carefully about the structure of the essay with an introduction, three paragraphs and a conclusion.
- Each paragraph is self-contained, relating to the bullet given and supported by pertinent and well-selected evidence from the film. These may be quotes or scenes in the film.
- The evidence chosen shows that the student has a good understanding of the film and has selected the examples well.
- The student explains each point very well, which provides an effective development for each bullet point.
- The paragraphs are linked together and this gives a good flow to the essay.
- The personal comments in the conclusion show that the student has drawn their own conclusions about the characters and is being perceptive about this character. Not only does the student show another side of the character, but they also demonstrate critical thinking about the character.

- The introduction and the conclusion are relatively short, which enables the students to develop their argument in depth.
- The language is very specific and the essay contains a range of grammatical structures and a good number of technical phrases that helps the student shape the essay and the argument.
- Student A would likely receive a mark in the top band for AO4.

Étudiant B

> Le film se passe pendant la Seconde Guerre mondiale en France et le personnage principal s'appelle Julien, un petit garçon de douze ans qui va dans un pensionnat religieux. Père Jean est le directeur de l'école et il est très grand et très gentil. C'est un prête. Père Jean est un personnage réel et il s'appelait Père Jacques. Père Jacques a été déporté car il a caché des enfants juifs dans son collège. Il était très dangereux de protéger des juifs pendant la guerre car les Allemands ont déporté les juifs dans les camps de concentration. À la fin du film on voit les Allemands arrêter Père Jean et il dit « Au revoir, les enfants ».
>
> A l'école Père Jean est le directeur mais aussi le prête qui éduque les enfants à la religion chrétienne. Il les accompagne aussi dans les bains publics et il est présent dans tous les moments de leur journée. Au début du film on voit Père Jean marcher avec les enfants et aussi on voit Père Jean à la cantine avec les enfants. A l'école il donne aussi la communion aux enfants et Julien se confesse dans le bureau de Père Jean. Père Jean est un personnage très religieux.
>
> Père Jean est un personnage réel et il s'appelait Père Jacques. Père Jacques a été déporté car il a caché des enfants juifs dans son collège. Il était très dangereux de protéger des juifs pendant la guerre car les Allemands ont déporté les juifs dans les camps de concentration. Bien qu'il sache que c'est dangereux il cache Jean Bonnet.

> Père Jean n'est pas content que Joseph trafique de la nourriture avec les enfants et il exclut Joseph de son travail. Pour Père Jean les actions de Joseph n'étaient pas acceptables dans un collège catholique.
>
> En guise de conclusion, on peut dire que Père Jean est un homme bien mais malheureusement il est déporté par les soldats allemands à la fin du film et je pense que c'est très triste.
>
> (340 mots)

Commentaires du correcteur

- We can see that student B has not really thought carefully about the whole essay as it does not look balanced. This student uses nearly half of the suggested word count in the introduction, which does not leave many words for the development.
- The student shows that they know the work but some examples are not very relevant here. When reading the introduction it feels like the candidate is writing everything they know about the character and other details that they have learnt. Some are appropriate, but given the suggested word count, it is always best to select carefully what you are including.
- The three bullets points are addressed and the paragraphs are self-contained but they do not really examine the character. The student is describing the character and including what they remember from the film instead of drawing conclusions. It is a mere description of the action.
- Due to a lack of careful planning, the paragraphs are not addressed equally and the last bullet point is only two sentences long.
- The second paragraph repeats what was mentioned in the introduction.
- There are some glimpses of analysis in this essay. For instance, the candidate gives their personal opinion in the conclusion. However, the essay reads more like an account of Père Jean's role in the film.
- The student has used a few set phrases to introduce some of the paragraphs. However, the language could be used more effectively to shape the essay.
- Overall the student shows that they know the film and have learnt some facts and examples, but they should have used their evidence from the work to support their point and to draw conclusions. Some evidence is not relevant here.
- Even though the word count is much higher than for the first essay, this essay does not address the question as fully and in a way that is as focused as student A's essay.
- Student B would likely receive a mark in the middle band for AO4.

Question 2

Examinez comment l'amitié entre Jean et Julien change dans le film. Vous pouvez utiliser les points suivants :
- le rapport entre les deux garçons au début
- pourquoi le rapport change
- un épisode qui montre la complicité des deux enfants
- la réaction de Julien à la fin du film

Étudiant A

Jean et Julien ont douze ans et fréquentent le même pensionnat religieux. Bien qu'ils soient différents, une amitié forte naît entre ces deux enfants.

Leur amitié commence en fait très mal. Julien n'accepte pas ce nouvel élève qui est plus intelligent que lui. Une jalousie prend ainsi place comme la scène de la leçon de piano le démontre. On voit aussi de la violence s'installer entre ces deux garçons. Il faut cependant noter que cette relation hostile n'est seulement que de la part de Julien.

Petit à petit, leur relation change et se transforme en une relation très forte. Poussé par sa curiosité, Jean découvre en effet la vraie identité de Jean en cherchant dans ses livres - il s'appelle Kippelstein. Julien découvre que tout comme lui il a un secret. N'oublions pas que Julien a un secret aussi, il fait encore pipi au lit. Ce secret rapproche Julien de Jean.

Dès lors une amitié forte s'installe et on voit une autre relation. Après avoir examiné par exemple la scène de la lecture on s'aperçoit que ces deux garçons sont très proches. La mise en scène dès lors montre aussi ce rapprochement avec de nombreux gros plans sur Jean et Julien ensemble.

Malheureusement leur amitié est brisée par l'arrestation de Jean. Les sentiments de Julien témoignent de leurs liens forts. En effet Julien se sent coupable d'avoir dénoncé Jean, on le sent

AU REVOIR LES ENFANTS

> aussi perdu pendant la scène finale et bien sûr le commentaire de Louis Malle souligne l'ampleur de cet épisode sur sa vie.
>
> Malgré leurs différences ces deux enfants sont devenus amis, ignorant le contexte de guerre. Malheureusement cette amitié n'a pas duré longtemps et leur univers d'enfants a été anéanti par l'atrocité de la guerre.
>
> (288 mots)

Commentaires du correcteur

- This is a very well balanced essay with each bullet point being addressed equally.
- Each paragraph is self-contained, relating to the bullet given and supported by pertinent and well-selected evidence from the film.
- The evidence chosen shows that the student has a good and detailed understanding of the film and has selected the examples well.
- There is evidence of perceptive understanding throughout the film.
- The student explains each point very well, which provides an effective development for each bullet point.
- The paragraphs are linked together and this gives a good flow to the essay.
- The introduction and the conclusion are relatively short, which enable the students to develop their argument in depth.
- The language is very specific and the essay contains a range of grammatical structures and a good number of technical phrases that helps the student shape their essay and their argument.
- Student A would likely receive a mark in the top band for AO4.

Étudiant B

> Au revoir les enfants retrace un épisode de la vie de Louis Malle. Julien est Louis Malle quand il était enfant. Pendant la Seconde Guerre mondiale Julien rencontre Jean, un enfant juif et ils deviennent amis.
>
> Jean est un nouvel élève et Père Jean lui dit de prendre le lit près de Julien dans le dortoir. Jean est très discret car il doit cacher qu'il est juif. Les autres enfants le trouvent bizarre parce que Jean est distant et ils sont assez violents.

> Un jour les enfants du collège vont dans la forêt pour jouer et Jean et Julien sont perdus. Ils sont tous les deux dans les bois et leur amitié change. Un soldat allemand trouve les deux enfants et on voit que dans la voiture les enfants sont très proches.
>
> Quand Julien dit qu'il fait encore pipi au lit on voit que Julien a confiance en Jean et qu'il accepte Jean. N'oublions pas que Jean a aussi un secret. Les deux garçons sont similaires bien qu'ils soient différents.
>
> La fin du film est très triste et on voit Julien qui est très triste que son ami soit arrêté par les Allemands. Sa réaction montre que Julien est un bon ami. Quand on voit le visage de Julien à la fin du film on comprend qu'il est très bouleversé par les événements.
>
> Pour conclure on pourrait dire que bien que les deux enfants soient différents, ils sont quand même amis et pendant le film on voit cette amitié qui se développe. Malheureusement cette amitié a une fin tragique avec la déportation de Jean.
>
> (261 mots)

Commentaires du correcteur

- Student B shows a good understanding of the film.
- The four bullet points are addressed.
- The structure is clear with an introduction and a conclusion.
- The candidate shows that they know the work but some examples are not very relevant for the purpose of this essay.
- The essay does not really flow as one essay — it is more like four answers to four bullet points.
- The first paragraph does not really answer the bullet point.
- There is some analysis in this essay and some conclusions are drawn but unfortunately the evidence is not always exploited well.
- Student B would likely receive a mark in the middle band for AO4.

A-level essays

Although a mark is awarded in the examination for use of language (AO3), all the example essays used here are grammatically accurate and the examiner comments focus on the students' ability to critically and analytically respond to the question (AO4).

Question 1

Analysez le rôle joué par le personnage de Joseph dans ce film.

Étudiant A

Joseph travaille dans les cuisines du collège et bien que son personnage puisse apparaitre comme un personnage secondaire, son rôle est toutefois crucial à la trame du film. Il est alors important de s'attarder sur ce personnage.

Tout d'abord Joseph apparait comme le personnage qui va faire grandir Julien et lui faire perdre son innocence. On voit en effet Joseph impliquer Julien dans son marché noir de timbres et de nourriture. Par cette pratique Julien entre dans le monde des grands, non seulement en trafiquant avec Joseph qui est plus âgé que lui, mais également en transgressant les règles et l'autorité.

De plus, le renvoi de Joseph peut être perçu en tant que l'affirmation des convictions de Père Jean. En effet, considérant que le marché noir est contre ses principes, Père Jean décide de renvoyer Joseph. Pour Joseph cette décision est injuste et il dit « Y a que moi qui trinque, c'est pas juste... ». Cependant Père Jean, bien que chagriné par sa décision, ne peut ignorer ses principes.

On pourrait aussi considérer le personnage de Joseph comme un moyen de mettre en relief la condition privilégiée des enfants du pensionnat. En effet, bien que Joseph ait à peu près le

> même âge que certains élèves du collège, il doit travailler tandis que ces enfants bénéficient d'une éducation privée. On entend Joseph dire « Plus ils sont riches, plus ils sont voleurs ». On comprend aussi qu'il ressent une certaine amertume envers ces enfants.
>
> En outre, découlant des deux points précédents, le rôle de Joseph est strictement lié à l'arrestation des enfants juifs et du Père Jean. Poussé par son amertume et le sentiment d'injustice, Joseph prend sa revanche en dénonçant Père Jean à la Gestapo et cette décision aura des conséquences tragiques.
>
> Finalement, tout comme les autres personnages du film, le rôle de Joseph représente un groupe d'individus de la Seconde Guerre mondiale. En effet en dénonçant Père Jean, Joseph s'allie à la Gestapo et devient un collaborateur. Malle se sert de ce personnage pour nous démontrer les actions des collabos.
>
> On arrive alors à la conclusion que le personnage de Joseph est un personnage complexe dans le dénouement du film et pourrait être considéré, à mon avis, comme un des personnages principaux.
>
> (375 mots)

Commentaires du correcteur

- This essay is well constructed with an introduction, a logical development and a conclusion.
- The points made are organised logically and the essay flows very well.
- The response is detailed and relevant throughout and all the evidence is appropriately selected.
- The student shows an excellent understanding of the work and is able to draw conclusions.
- The points made are varied and offer a multifaceted interpretation of the role of Joseph.
- Some of the points are very perceptive and demonstrate a deep understanding of the film.

AU REVOIR LES ENFANTS

- This student uses a range of technical phrases to enhance the essay.
- Sentences are generally complex with the use of subordination.
- The language is rich, with the use of complex grammatical structures.
- Student A would likely receive a mark in the top band for AO4.

Étudiant B

Au revoir les enfants se passe principalement dans un pensionnat de garçons privé et Joseph travaille dans la cuisine. Joseph à environ 15-16 ans. Il est infirme et pauvre. Pendant le film on voit que le personnage de Joseph est important dans l'histoire. Nous allons donc analyser le personnage de Joseph.

Joseph fait du marché noir avec les enfants du collège et on voit plusieurs scènes avec Julien surtout. Julien trafique des timbres et de la nourriture avec Joseph. On peut donc dire que Julien est impliqué dans le marché noir par Joseph et ce n'est pas bien. Julien est encore un enfant.

Le rôle de Joseph montre aussi les différences entre lui et les enfants du collège. En effet Joseph a le même âge que certains élèves mais il doit travailler. En plus de son travail il trafique de la nourriture pour gagner plus d'argent. Joseph dit par exemple « Plus ils sont riches, plus ils sont voleurs ». Par cette phrase on comprend qu'il est jaloux des enfants et voudraient avoir de l'argent comme les garçons.

Joseph est également le souffre-douleur des autres enfants. Les garçons se moquent de lui et ne le traitent pas bien. Ils se moquent par exemple de la photo de sa petite amie et Joseph n'est pas content. Il est rejeté par les autres.

Pour finir, il est important de noter que c'est Joseph qui dénonce Père Jean à la Gestapo. Joseph devient un collaborateur et dit à l'armée allemande que trois enfants juifs sont dans l'école. Dans la scène avec le soldat allemand Joseph dit à Julien « c'est un ami ».

> En guise de conclusion on peut dire que d'un côté le personnage de Joseph est un personnage attachant car on est triste pour lui quand les enfants se moquent de lui mais de l'autre côté son personnage est responsable de la fin tragique.
>
> (316 mots)

Commentaires du correcteur

- The essay is well structured with an introduction, a body and a conclusion and it is within the recommended word count.
- The candidate shows a good knowledge of the film but should have used their knowledge to build a more critical and analytical response.
- The response tends to be too descriptive at times and lets the reader draw the conclusions.
- There is evidence of some analysis where the candidate has drawn conclusions.
- This student uses rather simple sentences with simple language compared to Student A.
- The second paragraph is not relevant to the question as it does not address the role of character; it simply describes it.
- Student B would likely receive a mark in the middle band for AO4.

Question 2

> Analysez en quoi *Au revoir les enfants* est avant tout un film sur la Seconde Guerre mondiale.

Étudiant A

> Nul ne pourrait nier que *Au revoir les enfants* est un film sur la Seconde Guerre mondiale étant donné les thèmes importants qui sont abordés comme le traitement des juifs et la France sous l'Occupation allemande.
>
> Dès les premières scènes Louis Malle plante le décor de l'époque. Sur le quai de la gare alors que Julien dit au revoir à sa mère, on voit des soldats allemands et on entend des annonces en allemand. Ces deux aspects montrent bien que la France est sous l'Occupation allemande.

De plus, un des aspects les plus marquants de la Seconde Guerre mondiale est celui du traitement des juifs. Jean Bonnet se cache au collège pour échapper à la persécution des Allemands. Tout au long du film Louis Malle expose le quotidien de ces juifs qui sont traqués par la Gestapo, comme avec M. Meyer au restaurant, et exclus de la société comme les pancartes « interdits aux juifs » le soulignent. En nous racontant l'histoire de ce jeune garçon Malle symbolise le sort de ces populations juives. La scène finale avec l'arrestation symbolise l'atrocité des camps de concentration.

Il ne faut pas oublier tous les autres détails de ce film qui illustrent la vie pendant la guerre. Par exemple, on voit les enfants qui doivent se cacher dans un abri souterrain pour se protéger. À la cantine les enfants sont rationnés à cause du manque de nourriture, et au restaurant la mère de Julien utilise les tickets de rationnement pour payer. Malle nous dresse vraiment un tableau réaliste du quotidien de la Guerre mondiale.

Il faut aussi noter que chaque personnage représente un groupe d'individus de la Seconde Guerre mondiale. Par exemple, Julien représente les enfants de la guerre ; Jean, le peuple juif ; François, les résistants passifs ; Joseph, les collaborateurs ; le docteur Müller, la Gestapo… Ce symbolisme est efficace pour pouvoir traiter de tous les aspects de la guerre.

Cependant selon moi ce film n'est pas seulement un film sur la Seconde Guerre mondiale puisque certains aspects dépassent l'aspect historique. Par exemple d'autres thèmes comme le regret et l'amitié sont aussi très présents.

Pour conclure je dirais que ce film est sans aucun doute un film qui parle de la Seconde Guerre mais en considérant d'autres interprétations, ce n'est pas, pour moi, qu'un film de la Guerre mondiale. Le film a bien plus de signification.

(393 mots)

Commentaires du correcteur

- This essay reads very well and its structure is very effective and logical.
- The essay has an introduction, four fairly equal paragraphs and one conclusion.
- The points made are all relevant to the title and are set out in a logical fashion.
- Each paragraph focuses on one main idea and the candidate has used their knowledge of the film well to support the argument.
- The student lays out their ideas, supports them with pertinent evidence and develops them.
- In the paragraph before the conclusion the student brings in a counter-argument and this shows a perceptive understanding of the film and of the question.
- Both the introduction and the conclusion are short, which enables the candidate to develop their ideas well.
- The language used is very rich and the candidate uses it well to make the essay flow.
- The sentences are usually complex and complex language is used throughout.
- Student A would likely receive a mark in the top band for AO4.

Étudiant B

Au revoir les enfants se passe en France pendant la Seconde Guerre mondiale. En effet l'histoire raconte l'hiver 1943–1944 dans un pensionnat catholique de garçons. Il est essentiel de comprendre cette période de l'histoire pour mieux apprécier ce film.

La Seconde Guerre mondiale a commencé en France en Septembre 1939 et a duré presque six ans, jusqu'à l'Armistice du 8 mai 1945. La France était divisée en deux camps — les collaborateurs et les résistants. Les collaborateurs étaient avec les Allemands et les résistants contre les Allemands. Dans le film on voit que François est un résistant et que Joseph est le collaborateur.

De plus pendant l'Occupation allemande il y a la pénurie et la répression. Il y a une économie de guerre et des restrictions. Les Français n'ont pas de beaucoup de choses et les Français ont le rationnement. Dans le film on voit le

> rationnement au restaurant avec la mère de Julien par exemple. C'est un très bon exemple de la vie pendant la guerre.
>
> Aussi, il faut mentionner la solution finale des juifs en Europe par les nazis. Des milliers de juifs sont déportés en masse dans les camps de concentration et exterminés par les nazis et Louis Malle illustre ça avec le personnage de Jean. La scène finale par exemple est très triste puisque Jean est déporté.
>
> On voit aussi beaucoup de soldats allemands dans le film et ça représente la guerre en France. Il y a des soldats à la gare, dans les rues et même dans l'école à la fin du film. En effet la France faisait la guerre avec les Allemands.
>
> Pour finir je dirais qu'avec le film Au revoir les enfants on apprend beaucoup sur la Seconde Guerre mondiale et moi j'ai appris beaucoup de choses intéressantes. Pour moi je pense que ce film est vraiment un film sur la Guerre mondiale – c'est comme un documentaire.
>
> (314 mots)

Commentaires du correcteur

- The essay has an introduction, a body and a conclusion but the ideas are not effectively organised within the body.
- Each paragraph is relevant to the title and concentrates mainly on one idea but there is too much historical background and not enough use of the film.
- Overall the paragraphs give the impression that the student has learnt a lot of the facts.
- There is not any irrelevance in the essay — all the points made are linked to the title but there are too many historical facts and not enough evidence from the film.
- The essay is more descriptive than analytical. However, there are examples of some analysis when the candidate exploits examples from the film.
- The language is good but rather basic at times with some repetition.
- The student uses some good phrases to shape the essay.
- The conclusion is rather banal.
- Student B would likely receive a mark in the middle band for AO4.

9 Top ten quotations

« Quand on me cherche, on me trouve » – Julien

1

- Dans le dortoir à leur première rencontre Julien lance cette réplique à Jean.
- Cette phrase renforce deux aspects du personnage de Julien.
- Tout d'abord, en disant cela, Julien donne une autre image très contradictoire de lui-même. En effet, on vient de le voir sur le quai de la gare très sensible et ici il se donne un air d'enfant dur et violent. C'est un masque qu'il porte au collège pour pouvoir survivre dans cet environnement. En effet le collège est dépeint à plusieurs reprises comme un endroit où la loi du plus fort règne. De plus, cette réplique instaure une distance entre les deux jeunes garçons qui passent la première partie du film à s'opposer. Julien veut s'imposer ici.

« C'est quoi un youpin ? » – Julien

2

- Cette phrase est posée par Julien à son frère dans la cour et montre bien la naïveté de Julien. Julien est en effet coupé de la réalité et ne sait pas vraiment ce qui se passe exactement en dehors des murs protecteurs de son collège. Bien que les juifs soient constamment traqués par la Gestapo et que la guerre soit bien réelle, Julien n'est pas conscient de la gravité de la situation.
- Le terme « youpin » est ici très familier et est employé au lieu de juif. Cet aspect montre que Julien a entendu quelqu'un le prononcer, et comme un jeune enfant, il demande ce que le mot veut dire sans avoir la moindre idée de l'ampleur de sa signification.

Julien : T'as peur ?
Jean : Tout le temps.

3

- Ces mots prononcés par Julien et Jean renforcent plusieurs idées principales.
- D'abord l'idée de menace est exprimée. En effet Jean sait qu'il est au collège parce qu'il est recherché par la Gestapo. À cause de ses origines Jean doit se cacher pour éviter d'être arrêté par les soldats allemands.
- « Tout le temps » souligne la peur constante qu'il éprouve, où qu'il soit ou quoi qu'il fasse. Il sait qu'il peut être découvert à tout instant.
- Le téléspectateur ressent de la sympathie et de la compassion pour ce jeune enfant qui, au lieu de pouvoir s'amuser comme tous les autres enfants, ne peut pas vivre son enfance. C'est l'idée de l'enfance volée qui est exprimée ici.
- Ces mots témoignent aussi de l'amitié intime qui s'est installée entre les deux enfants. Jean qui, jusqu'à là était très réservé et mystérieux, s'ouvre

AU REVOIR LES ENFANTS

enfin à Julien et lui fait partager non seulement ses sentiments mais également ne cache pas ses origines.

4

« Je suis protestant. » – Jean

- En prononçant ces mots Jean montre deux aspects de son personnage.
- Tout d'abord il cache sa vraie identité en clamant être protestant. En effet, il sait qu'il est en perpétuel danger et ne veut pas divulguer la vérité.
- De plus, le jeune enfant doit mentir pour se protéger et cela renforce l'idée de l'enfance volée.
- Et bien sûr, en cachant sa différence il va en clamer une autre et va alors se séparer des autres enfants qui le trouvent déjà mystérieux. En étant protestant il ne peut pas se livrer aux mêmes rituels religieux que les petits catholiques.

5

« Plus ils sont riches, plus ils sont voleurs. » – Joseph

- Cette phrase prononcée par Joseph souligne plusieurs idées principales sur le personnage de Joseph.
- Tout d'abord, ces mots expriment la différence de classe sociale qu'il existe entre Joseph et les enfants du collège. En effet, Joseph est pauvre tandis que les élèves sont issus de familles aisées. Cette réplique renforce ainsi le caractère privilégié de cet environnement. Bien que ce soit la guerre et qu'il y ait des pénuries, ces enfants sont protégés.
- Deuxièmement en prononçant ces mots, Joseph fait part de son sentiment d'amertume envers les élèves. Il les envie d'avoir tant d'argent.

6

« Y a que moi qui trinque, c'est pas juste… » – Joseph

- Tout d'abord, les mots et la grammaire de cette phrase souligne la condition social de Joseph. Il utilise une langue familière avec des expressions telles que « y a que », « trinque » et une grammaire erronée avec « y a que » et « c'est pas ».
- Puis avec cette réplique, Joseph exprime le sentiment d'injustice qu'il ressent après avoir été renvoyé par Père Jean pour avoir pris part au marché noir avec les élèves. Les enfants riches sont impunis mais lui est renvoyé.
- Cette phrase est d'autant plus importante qu'elle explique ce qui pousse Joseph à dévoiler à la Gestapo que les trois enfants juifs sont cachés au collège. Joseph prend sa revanche.

9 Top ten quotations

> **Build critical skills**
>
> Que comprenez-vous quand Joseph dit : « c'est que des juifs ».
> Qu'apprenez-vous sur son attitude envers les juifs ?

7

« Pensez qu'il y a des gens plus malheureux que vous. » – Père Jean

- Cette phrase prononcée par Père Jean pendant la confession de Julien fait allusion subtilement aux enfants juifs que Père Jean cache et plus généralement aux juifs persécutés.
- Bien que Julien souffre du froid, Père Jean lui demande de penser à ceux qui ont des problèmes plus graves.
- Évidemment cela fait référence à la religion catholique qui se doit de penser aux autres, mais ici cette phrase a un double sens.

8

« Dis donc toi, tu sais pas lire, ce restaurant est interdit aux youtres. » – milicien

- Cette réplique est prononcée par le milicien à M. Meyer, le vieux monsieur juif, dans le restaurant.
- Cette réplique est importante puisqu'elle dénonce les traitements infligés aux juifs pendant l'Occupation allemande.
- Tout d'abord elle démontre que les juifs n'étaient pas acceptés dans certains lieux publics pendant l'Occupation allemande et renforce le message de la pancarte aux bains publics « interdits aux juifs ». Les juifs sont en effet exclus de la société.
- Il est aussi intéressant de noter la façon dont le milicien s'adresse à Monsieur Meyer. Quelques secondes avant, il lui avait dit « vos papiers, Monsieur ». Cependant, dès qu'il s'est aperçu que M. Meyer était juif, il a changé sa façon de lui parler. Il passe du vouvoiement « vos » au tutoiement « toi, tu » et emploie un registre très familier comme pour humilier cet homme. Il utilise en effet « tu sais pas lire » et « youtres ». « Youtres » est très dégradant puisque c'est une injure à caractère raciste envers les juifs.

9

« Au revoir, les enfants » – Père Jean

- En utilisant « au revoir » Père Jean veut protéger les enfants de l'atroce réalité. En effet, Père Jean sait très bien qu'il va être déporté et au lieu de leur dire « adieu », qui signifierait qu'il ne reverrait plus les enfants, il leur dit un tendre « au revoir » pour masquer la réalité.

- ▼ « Les enfants » souligne la relation attachante entre les enfants et Père Jean qui a été jusqu'à maintenant leur protecteur.
- ▼ Cette phrase très simple accentue la brutalité de cette scène, En effet, en employant des mots très simples et très humains, Malle veut mette en valeur la violence de ce qui se passe. C'est un vrai contraste.

10

« Plus de quarante ans ont passé et jusqu'à ma mort je me rappellerai chaque seconde de ce matin de janvier. » – (voix off) Louis Malle

- ▼ Cette phrase poignante, prononcée en voix off par Louis Malle alors que Julien regarde ses amis et Père Jean partir, renforce la brutalité des événements.
- ▼ D'un côté cinématographique, cette réplique vient casser le silence de la scène et intensifie le drame du film.
- ▼ De plus, en ajoutant sa voix au film Louis Malle renforce la réalité des faits et le côté autobiographique de l'histoire.
- ▼ Finalement, les mots « plus de quarante ans » et « jusqu'à ma mort » souligne l'impact de cette atroce tragédie sur la vie de Louis Malle.

TASK
Regardez la scène du restaurant et notez les citations qui soulignent les points suivants.
1 le rationnement
2 l'attitude de François envers la guerre
3 la violence des Allemands

GRADE BOOSTER

Find different ways you can memorise these quotes. You might want to organise them by themes or characters. Use colours as well. Another useful tip is to find and remember quotes that can be used for different aspects of the film. For instance, you can see that all the quotes on these pages highlight different elements.